Couvertures supérieure et inférieure
manquantes

NOTICE HISTORIQUE

ÉVREUX, — BERNAUDIN, IMPRIMEUR

Vue de Conches.

D'après une ancienne Peinture à l'huile provenant du Château de Navarre, appartenant à Mr. Chevault jeune à Rouen.

NOTICE HISTORIQUE

SUR LA

VILLE DE CONCHES

Ouvrage entièrement inédit

ET ORNÉ D'UN GRAND NOMBRE DE DESSINS

Par Alex. GARDIN

Membre de la Société française d'Archéologie

Veterum studio vir deditus, jucundam ducit vitam
Horace (Ode)

~~~~~~~

ÉVREUX
LECLERC, LIBRAIRE-ÉDITEUR.
1865

PRÉFACE

—

En publiant cette Notice sur la ville de Conches, je n'entreprendrai pas ici de faire l'histoire de cette ville; je n'ai que le désir de raconter sommairement le rôle important qu'a joué au moyen âge son château, dont les principaux seigneurs furent issus du sang royal.

Je dois ici remercier MM. Laumonier de leur bienveillant concours et de leur obligeance à me procurer les documents qu'ils ont rassemblés pendant toute leur vie.

Puisse cet ouvrage servir de jalon aux savants qui se chargeront d'en écrire l'histoire! Je m'estimerai heureux si, par ce travail, malgré ce qu'il laisse à désirer, j'ai pu servir utilement ce pays en retraçant les principaux faits de son histoire militaire.

NOTICE HISTORIQUE SUR LA VILLE DE CONCHES

CHAPITRE Ier

Étymologie du mot Conches. — Établissements romains.

Le nom de Conches, qui a été donné à cette ville, nous paraît provenir du mot latin *concha, conchœ*, conque, coquille, à cause du grand nombre de ces fossiles qui se rencontrent dans ses étangs. Cette version nous semble d'autant plus véritable que la ville porte trois coquilles dans ses armes, et nous croyons qu'on ne doit pas expliquer autrement l'origine de son nom (1)

Époque romaine

Malgré les contestations qui se sont élevées au sujet de l'occupation par les Romains du territoire de la commune de

---

(1) Il existe encore une place publique appelée Friche-Coquille, mais ce nom provient d'une mare qui était située au milieu de cette place et qui avait la forme d'une coquille, où venaient chercher de l'eau tous les ouvriers occupés aux forges à bras qui l'entouraient. Cette mare fut détruite en 1705.

Conches, il est certain que tout le pays renferme des constructions romaines ainsi que le prouvent les découvertes qui ont été faites depuis plusieurs années. Si on refuse de croire à l'existence d'une voie romaine de premier ordre, au moins on ne pourra contester une voie secondaire d'une grande importance qui, venant de Chartres par Damville, en ligne droite, traversait le Petit-Parc, le Grand-Parc, la commune de Louversey près de l'église (2), passait par Faverolles-la-Campagne (3), puis par Couillerville (4), et rejoignait, sur le territoire d'Émanville, la voie romaine d'Évreux à Lisieux (5).

Il y a dix ans environ, en creusant des fossés dans la forêt, sur le triage du Bostenney, entre la route de Lyre et celle de La Ferrière-sur-Risle, on a trouvé une douzaine de hachettes en bronze ; une partie est déposée au musée à Évreux.

(2) Triage du Bois-de-Mardon. Ces bois sont aujourd'hui défrichés, et, en plochant le terrain, il a été mis au jour une construction romaine assez considérable puisque l'intérieur était divisé en seize compartiments. A l'est de cette construction, le terrain est fortement déprimé en rond, et cela paraît avoir été un réservoir dont les eaux auraient été amenées par cet aqueduc dont on a retrouvé les traces au Tilleul-Dame-Agnès. Les ouvriers y trouvèrent un grand nombre de médailles en argent et en bronze, mais tout a été dispersé. Il est encore facile de suivre sur le terrain l'emplacement de ces constructions.

(3) Il n'existe aucune construction romaine dans cette commune ; mais le voisinage du bois de Mardon qui se trouve sur la limite de Louversey et de Faverolles, avait pu seul faire croire que l'aqueduc découvert au Tilleul-Dame-Agnès se dirigeait sur Faverolles.

(4) Entre les triages de la Grosse-Borne, du Champ-de-Bataille et du Haut-Guerrier. Dans ce dernier triage il a été découvert, il y a cinq ans, un tombeau renfermant un squelette dont la tête était tournée vers le nord. Il avait près de lui un sabre et une fiole en verre. Ces objets sont conservés par M. Huvey qui les avait recueillis sur sa propriété. Tout porte à croire que ce triage du Champ-de-Bataille est le lieu où l'armée de Lothaire fut défaite par celle du duc Richard qui rentra en possession de la ville d'Evreux et du duché de Normandie vers 962. (Voir *Essai historique du comté d'Évreux*, par M. Masson de Saint-Amand)

(5) Triage de Saint-Léger-la-Campagne. Ancienne commune réunie à Émanville. D'après le registre de la municipalité, le 15 floréal an V, on a découvert dans un jardin près de la voie romaine, plusieurs vases et ornements en cuivre.

A l'extrémité sud de la portion du Petit-Parc connue aujourd'hui sous le nom de Bois-de-Rome (1), il existe un camp romain parfaitement authentique et reconnaissable. Il est carré et mesure environ quatre-vingts mètres de côté ; il est traversé par le chemin qui part du calvaire pour aller aux forges et par celui qui venant de la gare du côté du réservoir du chemin de fer va rejoindre la route de Lyre. Un de ses côtés, celui du sud, a été utilisé au moyen âge par les assiégeants pour établir des parallèles afin de prendre la ville. Ses fossés ont encore plus de deux mètres de profondeur.

Vis-à-vis, sur l'autre côté de la vallée, également sur le haut de la côte, il existe un autre camp carré mais plus petit et ne mesurant que trente mètres de largeur. Ces deux camps n'étaient probablement que des avant-postes destinés à surveiller l'ennemi.

Un peu plus loin, dans le Grand-Parc, en avançant vers le sud-ouest, non loin de la ligne du chemin de fer, il existe un camp romain d'une contenance de plusieurs hectares. L'intérieur renferme un grand nombre de débris de constructions et de tuiles à rebord. Une fouille faite avec soin par M. Laumonier, vient de mettre au jour une habitation romaine. Dans un des coins de cette construction, il a été recueilli douze hachettes en pierre, et parmi les décombres, des fragments de peinture et de vases, un bout de flûte en os, des clous et des médailles du Bas-Empire. Des recherches plus considérables amèneraient assurément la découverte de beaucoup d'autres constructions.

(1) Le Bois-de-Rome qui faisait autrefois partie du Petit-Parc, n'a reçu ce nom qu'au commencement de ce siècle. A l'occasion de la naissance du roi de Rome, la municipalité ayant fait une fête, on renferma dans une boîte des pièces de monnaie au millésime de 1811 et on les déposa au milieu de ce terrain.

Enfin, sur l'emplacement même de l'abbaye, il a dû exister jusqu'au XIe siècle quelque castellum élevé par les Romains, puisque l'on y a recueilli des médailles du Bas-Empire, et que dans le voisinage existent les trois camps dont nous venons de parler. Il est probable que ce sont ces constructions qui ont donné à cet endroit le nom de Castillon. L'acte le plus ancien dans lequel il en est fait mention, le désigne par le mot Castellio dont on a fait Castillon et ensuite Châtillon.

V. Hornard.

Vue du Château de Conches au XVIIIᵉ Siécle
Prise de la Place de la Garenne.

Vue de la Porte du Val au XVIIIᵉ Siécle
Prise à l'intérieur de la Ville.

CHAPITRE II

Domination des Tosny

de 919 à 1102

Raoul I⁰ʳ de Tosny. — Défense de Tillières. — Fondation du Vieux-Conches. — Roger I⁰ʳ. — Création de l'abbaye et de la ville actuelle. — Révolte contre Guillaume le Bâtard. — Mort de Roger et de ses deux fils. — Raoul II. — Bataille de Mortemer. — Exil de Raoul. — Bataille d'Hastings. — Guerre des belles Dames. — Alliance avec le roi d'Angleterre. — Siége de Conches. — Défaite de Guillaume d'Évreux. — Ravage du comté de Beaumont et mort de Raoul II.

Au xᵉ siècle, Raoul, I⁰ʳ surnommé de Tosny, fils de Malahuce oncle de Rollon, était possesseur, par la donation de ce dernier, d'une petite bourgade appelée Castillon, sise à l'extrémité de la ville actuelle (1).

Vers 1017, Richard II, duc de Normandie, avait fait construire à Tillières un château fortifié pour résister à Eudes, comte de Chartres, son beau-frère, auquel il réclamait la dot de sa sœur morte sans enfants. Après avoir fait un immense butin sur son ennemi pour approvisionner son château de Tillières,

_____

(1) Ce surnom de Tosny venait de la terre de ce nom qu'il possédait sur les bords de la Seine, entre Gaillon et les Andelys.

Richard rappelé à Rouen pour les affaires de son duché (1020), confia la garde de sa nouvelle forteresse à Raoul de Tosny, son parent intime, en lui adjoignant Néel de Saint-Sauveur et son fils Roger de Tosny. Eudes vint bientôt assiéger ce château avec l'aide de Valeran, comte de Meulan et de Hugues du Mans; mais les comtes de Conches et de Saint-Sauveur, prévenus à temps, rassemblèrent toutes leurs forces qui furent divisées en deux parties. La seconde division, commandée par Raoul qui avait avec lui son fils Roger, fit des prodiges de valeur en attaquant l'ennemi qui fut mis dans une déroute complète.

Ce fut à l'endroit porté aujourd'hui sur le plan cadastral sous le nom de la Balivière, que Raoul Ier avait jeté, vers 1004, les premiers fondements de sa nouvelle résidence. C'est un retranchement élevé, à l'extrémité duquel on voit encore un monticule ou donjon entouré de murailles et de fossés très-profonds, d'où la vue domine au loin sur la forêt et les étangs qui baignent le pied de la colline. Une église ne tarda pas à s'élever près de ce château; elle reçut le nom de Saint-Ouen ainsi que le village voisin, mais cet établissement devait être de courte durée. A la mort de son père, Roger abandonnant cette résidence qui fut depuis cette époque appelée le Vieux-Conches, fonda en 1035, à l'endroit appelé Castillon, une abbaye de l'ordre de Saint-Benoît et vint s'établir lui-même sur l'emplacement actuel de la ville.

Ayant fait construire une grosse tour avec des fossés très-profonds et un château sur le bord d'un côteau rapide, il les fit ensuite entourer de très-fortes murailles. On reconnaît facilement les traces de cette première enceinte dont il reste encore des portions assez considérables. Toute l'étendue du terrain qui appartient aujourd'hui à la ville et sur laquelle est construite la mairie, était renfermée dans ces fortifications.

Vue de la Porte d'en haut dite de S.t Etienne

D'après un dessin du dix-huitième siècle.

Après s'être marié à Godehilde, Roger augmenta considérablement l'abbaye et y joignit la prairie et la garenne. Ayant fait enclore de murs, pour le plaisir de la chasse, une grande pelouse qui porte encore de nos jours le nom de Petit-Parc, il fit construire, en dehors des fortifications, une église qu'il plaça sous l'invocation de sainte Foy. Il donna aussi à l'abbaye de Conches l'église d'Acquigny avec la dîme du blé, du vin, du poisson et des moulins, lorsqu'il eut fondé le prieuré de Lierru, dans la forêt de Conches, sous l'invocation de saint Pierre et de saint Paul pour des moines réguliers de Saint-Augustin. Une des chapelles, dédiée à saint Roch, est encore fréquentée aujourd'hui.

Tel fut l'emploi des richesses immenses que Roger rapporta de ses victoires.

A la mort du duc de Normandie, ce seigneur surnommé d'Espagne, pour avoir généreusement combattu les Maures sous le duc Robert, fut un des premiers à se révolter contre Guillaume le Bâtard, âgé seulement de huit ans. Ne voulant reconnaître pour légitimes héritiers du duc Rollon que Mauger, archevêque de Rouen, et Guillaume, comte d'Arques, il prit les armes. Résolu d'attaquer tous les partisans de Guillaume, il entra sur le comté de Beaumont qu'il ravagea ainsi que la terre de Vieilles qui appartenait à Onfray de Vieilles, comte de Pont-Audemer; mais ce dernier envoya aussitôt contre lui ses deux fils Roger de Beaumont et Robert. Attaqué à l'improviste au milieu d'une campagne par une troupe nombreuse, et ne pouvant résister à l'impétuosité de ses ennemis, Roger de Tosny se défendit avec courage, mais il fut tué dans la mêlée avec deux de ses fils, Helbert et Hélinand, le 29 mai 1050.

Raoul II son troisième fils lui succéda. Ce prince renonçant aux prétentions de son père vécut en bonne intelligence avec Guillaume le Conquérant. La guerre ayant éclaté entre le duc de Normandie et le comte d'Arques son voisin, Raoul prit le parti de Guillaume et se distingua à la bataille de Mortemer, en 1054. A son retour Raoul épousa Elisabeth de Montfort, fille de Simon, comte de Monfort.

Guillaume le Conquérant voulait alors mettre un terme aux guerres continuelles que les principaux seigneurs se faisaient entr'eux; Roger de Montgommery et Mabille, sa femme, profitèrent de cette occasion pour brouiller par leurs intrigues le duc de Normandie avec Raoul de Tosny. Ce dernier fut exilé et privé de ses biens en 1061, en même temps que Hugues de Grantemesnil et Ernault d'Échauffour. Deux ans plus tard, Guillaume, soit par intérêt personnel, soit par les prières de Simon de Montfort et de Galeran de Breteuil, rendit aux exilés la liberté et leurs biens en 1063, mais à la condition de recevoir une garnison destinée à maintenir sa domination sur tous ces seigneurs.

Raoul, rentré en grâce, s'attacha à la fortune du duc de Normandie; nommé porte-étendard de l'armée normande, il prit part à la conquête de l'Angleterre et assista à la bataille d'Hastings en 1066. Avant l'action, le duc Guillaume fit appeler le comte de Conches dont la famille possédait la charge de porte-étendard de la Normandie, afin de lui remettre le drapeau envoyé par le pape Alexandre II; mais celui-ci remercia le duc en prétendant mieux le servir avec son épée qu'en portant ce drapeau qui fut remis à un jeune seigneur. Pendant le combat il se distingua par son courage et contribua par sa valeur à obtenir la victoire. Pour récompenser ses compagnons d'armes, le duc Guillaume leur partagea les dépouilles des vaincus et Raoul obtint de vastes domaines en Angleterre.

Vers 1075, Raoul voulant visiter l'Espagne où son père s'était couvert de gloire, vint à Ouche implorer son pardon de l'abbé et des moines de Saint-Évroult pour avoir jadis secondé Ernault d'Échauffour lorsqu'il mit le feu à ce bourg. Il leur recommanda son médecin Goisbert qu'il aimait beaucoup et qui se fit moine pendant son absence. A son retour, Raoul revint à Ouche et donna à l'abbaye de Saint-Évroult deux arpens de vignes, à Tosny, tout ce qu'il possédait à Guernanville, et, en outre, il leur accorda trois hôtes : un à Conches, un à Tosny et l'autre à Acquigny. Quelques années après, ayant conduit en Angleterre le moine Goisbert, Raoul, par les conseils de celui-ci, fit aux moines de Saint-Évroult le don de deux maisons situées en Angleterre, l'une à Norfolk et l'autre dans la province de Worcester. En 1080, il donna aussi aux moines de Jumiéges l'emplacement d'un moulin situé à Fontaine-sous-Jouy.

A la mort de Guillaume le Conquérant (1087), tous les seigneurs de Normandie voyant que le partage inégal de ses états jetait la division parmi ses enfants, ne songèrent qu'à leurs propres intérêts et à leur agrandissement. Aussi, Raoul qui supportait difficilement la garnison destinée à surveiller ses actions, saisit avec empressement l'occasion de la renvoyer pour recouvrer une liberté qu'il désirait ardemment. Il paraît que cette entreprise ne le brouilla pas avec le duc Robert, car l'année suivante, nous voyons que Raoul partit dans le Maine avec le duc de Normandie, pour faire rentrer sous son obéissance tout ce pays qui venait de se soustraire à sa domination. Le comte d'Anjou prêta aussi son appui au duc Robert pour réduire les rebelles, mais pour prix de son engagement il réclama la main de la belle Bertrade, fille de Simon de Monfort et nièce du comte d'Évreux.

qui lui fut enlevée plus tard par Philippe Ier, roi de France, après la répudiation de la reine Berthe sa femme.

Guillaume, comte d'Évreux, avait épousé Hélène ou Helvise, fille du comte de Nevers, mais cette princesse était jalouse d'Élisabeth ou Isabelle de Montfort, dame de Conches. Ayant été blessée par quelques paroles de sa rivale, Hélène excite son mari ; Guillaume et quelques barons prennent aussitôt les armes contre Raoul que soutenait Isabelle (1090). Tel fut le commencement de cette guerre connue sous le nom de *Guerre des belles Dames* et qui ne fut allumée que par la jalousie de ces princesses qui, par leur beauté et leur esprit, dominaient la volonté de leurs maris.

Après deux ans d'une lutte désastreuse pour les deux partis, Raoul avait épuisé toutes ses forces. Élisabeth elle-même, armée et montée sur un cheval, avait combattu plusieurs fois avec autant d'intrépidité que le plus brave de ses soldats, en donnant ainsi à ses troupes l'exemple du courage. Cependant, Raoul se voyait dans l'impossibilité de prolonger seul la lutte contre des ennemis aussi puissants ; il s'adressa d'abord au duc Robert, mais ne pouvant obtenir aucune réponse favorable, il se tourna vers le roi d'Angleterre et lui promit, s'il était secouru, de se donner à lui avec ses biens. Guillaume voulant profiter de cette circonstance, ordonne aussitôt à Estienne, comte d'Aumale, à Girard de Gournay et aux autres capitaines de ses troupes en Normandie, d'aller au secours de Raoul.

Le comte d'Évreux persistait toujours dans ses desseins. Après avoir fait appel à Guillaume de Breteuil et à Richard de Montfort, ses deux neveux, il rassemble de nouvelles troupes et vient mettre le siége devant Conches (novembre 1092). Ne pouvant réduire les assiégés par la famine, Guillaume tente d'enlever de force le château ; malgré plusieurs brèches, l'assaut est vaillamment repoussé. Raoul saisit aussitôt cette occasion pour se jeter sur le camp des assiégeants, les met en déroute et les poursuit avec impétuosité. Richard de Montfort, frère d'Isabelle, est tué dans la cour de l'abbaye où il avait pénétré en se retirant avec ses soldats.

Non content d'avoir subi cet échec, Guillaume d'Evreux réunit de nouvelles troupes et vient au commencement de 1093 ravager le domaine de Conches jusqu'aux portes de la ville ; mais Raoul se met à sa poursuite au moment où il se retirait avec de riches dépouilles et lui livre un combat heureux dans lequel Guillaume de Breteuil est fait prisonnier (1). Après avoir perdu tout son butin, le comte d'Évreux est forcé de faire la paix. Guillaume de Breteuil recouvre la liberté, moyennant trois mille livres et reconnaît pour son héritier son cousin Roger II de Tosny, fils de Raoul. Cette même condition est aussi imposée à Guillaume d'Évreux qui ne l'accepte que pour l'abandonner, car Roger II meurt le 15 mai suivant (1093). Ce jeune seigneur, sans faste et sans vanité, se faisait remarquer par sa douceur et la pureté de ses mœurs.

Le roi Guillaume étant venu en Normandie avec une armée pour combattre le duc Robert, ce dernier ne tarda pas à se réconcilier avec son frère, et Conches fut compris dans la cession faite à Guillaume ; car nous avons vu que le comte de Conches s'était placé sous la suzeraineté du roi d'Angleterre, lorsqu'il lui demanda des secours contre celui d'Évreux, et Raoul, qui possédait alors les châteaux de Conches, Tosny,

---

(1) On croit généralement que cette affaire eut lieu à Champdolent, triage des Trois-Châtelets.

2

Portes et Acquigny, était regardé comme un de ses plus puissant vassaux.

Le 27 décembre 1097, Raoul reçut la visite de Guillaume qui vint coucher à Conches. Il allait alors se mettre à la tête d'une armée qu'il conduisait contre Philippe, roi de France, auquel il avait déclaré la guerre, parce qu'il réclamait le Vexin et certaines forteresses qui avaient appartenu à son père.

Deux ans plus tard, Guillaume d'Évreux et Raoul de Conches, après s'être réconciliés, attribuèrent leur froideur avec Guillaume le Roux aux intrigues de Robert, comte de Meulan. Ils envahirent sa terre de Beaumont-le-Roger qu'ils ravagèrent entièrement vers 1100, et revinrent chargés d'un immense butin dont la moitié fut partagée entre les soldats qui avaient obtenu ce succès.

Peu de temps après avoir donné à l'abbaye beaucoup de biens dont il jouissait en Angleterre, Raoul II mourut le 24 mars 1102, et son corps fut enterré dans le chapitre de l'abbaye, à côté de son père.

Raoul avait eu trois enfants :

1° Roger II, l'aîné, qui était mort en 1093 ;

2° Une fille, mariée à Baudouin, qui fut roi de Jérusalem ;

Et 3° Raoul III, qui lui succéda.

CHAPITRE III

de 1102 à 1204

Raoul III succéda à son père, tandis que Isabelle, sa mère, prenait le voile au monastère des Hautes-Bruyères pour passer dans la prière le reste d'une vie orageuse. Après un voyage fait en Angleterre pour recueillir la succession de son père et réclamer les domaines qui lui avaient été donnés en récompense par le Conquérant, Raoul, sur les conseils du roi Henri Iᵉʳ, épousa Adelise, fille du comte de Waltheof et de Judith, fille de la comtessse d'Aumale, sœur de Guillaume le Conquérant. Raoul s'attacha alors au roi d'Angleterre et l'aida de tout son pouvoir contre le roi de France.

Le jeune duc de Normandie, voulant alors reconquérir l'héritage du duché dont il avait été dépossédé, avait fait appel au roi de France qui accepta ses offres avec empressement. Plusieurs autres seigneurs qui s'étaient révoltés contre l'autorité du roi Henri, quoiqu'ils l'eussent aidé à s'emparer de la Normandie, embrassèrent aussi son parti. Le roi de France, Louis le Gros, vint mettre le siége devant l'Aigle qu'il prit et incendia (3 septembre 1118), mais cette place importante sur la frontière de la province fut reprise au mois de novembre par le roi d'Angleterre qui vint l'attaquer avec une armée considérable. Raoul III s'y distingua et rendit même de grands services.

Dès l'année suivante, Louis le Gros vint' piller le Vexin et attaqua plusieurs châteaux forts, Andelys, le Pont-Saint-Pierre, Évreux, Noyon et le Château-Neuf. Au mois d'août, les deux rois se rencontrèrent avec leurs armées dans la plaine de Brémule et s'y livrèrent une bataille qui fut perdue par les Français. Cependant le roi Louis nourrissait le projet de se venger de cette défaite, et il accepta avec joie la proposition que lui fit Amaury de Montfort, comte d'Évreux, de se joindre avec ses vassaux et les chevaliers de son parti aux nouvelles troupes que le roi mettrait en campagne. « Nous nous réunirons à Cintray, disait-il, pour » aller attaquer Breteuil, dans le cœur de la Normandie, et si » nous pouvons le prendre, nous le rendrons à Eustache qui, » pour avoir défendu notre cause, en a été dépouillé. Raoul de » Conches, mon neveu, se réunira à nous avec tous ses vassaux » et nous offrira ses forteresses. Il a sous la main de vaillants » barons qui, par son seul concours, augmenteront considéra- » blement le nombre de nos soldats, et s'il ne vient pas à notre » secours, c'est qu'il n'ose le faire de peur que ses terres ne » soient aussitôt dévastées ». Cependant Amaury se flattait, car

Raoul resta toujours attaché à la cause du roi Henri. Aussi lorsque les Français voulurent surprendre Breteuil, le 17 septembre 1119, Raoul accourut aussitôt avec ses troupes au secours du comte de Breteuil, et par son courage et son exemple, il contribua puissamment à repousser les soldats de Louis le Gros qui fut forcé de lever le siége. Les troupes se retirèrent en France par les environs de Tillières et livrèrent la contrée au pillage pour se dédommager de n'avoir rien gagné à Breteuil.

Ce fut alors que Raoul de Guarder, nouveau comte de Breteuil, sur l'avis du roi Henri I, fit don à Raoul III, son cousin, de Pont-Saint-Pierre et de la vallée de Pitres, pour le récompenser de sa belle défense de Breteuil et l'encourager à rester fidèle en défendant de tous ses efforts le duché contre les ennemis.

Ce prince mourut en 1125 ou 1126, laissant un fils nommé Roger III.

Roger III, quoique jeune, succéda à son père et donna à l'abbaye de Conches tout ce qu'il possédait. Quelques cabanes couvertes de chaume avaient été construites autour du château des Tosny, et le petit bourg qui s'y était formé s'étendait de la porte de Breteuil jusqu'au cimetière de Sainte-Foy, où il y avait une porte qui fermait la rue. Comme il n'y avait que le château avec ses dépendances qui étaient entourés de défenses, Roger fit enclore le bourg de fortes murailles avec des fossés très-larges et très-profonds, en plaçant une porte à chaque extrémité, et ce sont ces fortifications que nous voyons encore aujourd'hui. L'église Sainte-Foy ne suffisait plus aux besoins des habitants ; Roger fit bâtir la tour et le clocher avec le chœur ; aussi c'est à ce prince que Conches doit sa véritable importance.

A cette époque, Geoffroi Plantagenet était en guerre avec

Henri Ier, roi d'Angleterre, son beau-frère ; Roger, prenant le parti de Geoffroi, devint suspect au roi d'Angleterre qui plaça une garnison dans le château de Conches et l'y maintint jusqu'à sa mort (1er décembre 1135).

Roger, dont les actions étaient devenues libres par le départ des troupes anglaises, se déclara ouvertement en faveur de Geoffroi d'Anjou contre le roi Étienne. La guerre éclate aussitôt avec Robert de Leicester, seigneur de Breteuil. Roger rassemble toutes ses forces dans le château d'Acquigny, et dans les premiers jours de mai 1136, il attaque la forteresse du Vaudreuil, s'en empare, mais elle est reprise trois jours après par Galeran de Meulan. Ce comte victorieux vient à Acquigny, ravage le bourg qu'il livre aux flammes; mais le lendemain 12 mai, Roger se met à sa poursuite, et par représailles brûle la Croix-Saint-Leufroi, Cailli et Écardenville-sur-Eure.

Thibaud, comte de Blois et de Champagne, lui ayant délaré la guerre, attaqua le château de Pont-Saint-Pierre qui avait été donné à Raoul III par Guillaume de Gaël, seigneur de Breteuil, mais Guillaume de Fontaines le défendit vigoureusement (1).

Au mois d'octobre, Roger se rend à la Croix-Saint-Leufroi, dont le château venait d'être construit par Galeran pour protéger ses vassaux, mais ne pouvant s'en rendre maître, et repoussé plusieurs fois avec perte, il réduit en cendres le bourg et l'abbaye pour se venger de sa défaite. Il se retire alors en ravageant la vallée du Vaudreuil et brûle l'église de Saint-Pierre-du-Vauvray, le 3 octobre 1136.

---

(1) Richer de l'Aigle et Auvré de Verneuil passant avec leurs troupes devant La Ferrière-sur-Risle furent attaqués et mis en déroute par Robert de Belesme et les autres chevaliers qui soutenaient les droits de Roger de Tosny; mais Thibaud se précipitant sur Boncy qui était alors un bourg assez considérable, brûla les maisons et l'église avec tous ceux qu'elle renfermait.

En rentrant à Acquigny vers le soir, Roger est attaqué à l'improviste par Galeran et Henri de la Pommeraie qui sortent avec cinq cents hommes des bois voisins. Comme il avait envoyé à l'avance Guillaume de Pacy et Roger le Bègue avec le butin et les prisonniers, ce prince se défend courageusement avec la poignée de soldats qui lui restait, mais accablé par le nombre, il est fait prisonnier à la grande satisfaction de ses ennemis. Sa captivité rendit ainsi la sécurité aux contrées environnantes, car sa présence avait mis le trouble dans le pays dont les habitants s'étaient enfuis. Lui et ses vassaux furent frappés d'anathème et ses terres mises en interdit. Le roi Étienne, étant venu en Normandie, se laissa fléchir par les prières de Roger, mais il ne lui accorda la liberté que six mois après à de dures conditions (1137). Après avoir payé une forte rançon, ce prince fut obligé de fournir des sommes considérables pour dédommager les victimes de ses vexations.

Étienne, roi d'Angleterre, était à peine retourné dans ses États que Roger, oubliant ses promesses, recommença à tourmenter ses voisins. L'année suivante, ce prince fut attaqué de nouveau par Galeran, comte de Meulan; non-seulement il le repoussa victorieusement, mais en se retirant, il mit ses vassaux dans l'impossibilité de lui fournir aucun secours par suite des ravages qu'il fit sur ses terres.

Après avoir réuni à ses troupes quatre-vingts hommes de Baudouin IV, comte de Hainaut, et quarante de Pierre de Maule, Roger partit se venger sur Breteuil de prétendues injures. Mettant le siége devant la place, il s'empara de la ville le 7 septembre 1138. Ne pouvant réduire le château, il eut recours à des moyens énergiques. Ayant mis le feu à des pièces de bois qui furent placées autour de la forteresse, les flammes gagnèrent les maisons voisines; la ville fut bientôt détruite, et l'église Saint-Sulpice s'écroula en ensevelissant sous ses ruines les prêtres et tous les habitants qui étaient venus s'y réfugier. Les soldats qui, voyant toute résistance inutile, tentèrent de se sauver, périrent sous les coups de leurs ennemis. Montreuil-l'Argillé, Lyre et beaucoup d'autres abbayes éprouvèrent de pareils désastres; mais ce dernier succès mit fin à la guerre. La paix fut signée avec les comtes de Meulan et de Leicester, et ce traité réconcilia Roger avec Étienne, roi d'Angleterre.

Roger, dont on ne connaît pas la date de la mort, fut enterré dans l'abbaye auprès de ses aïeux. Il avait eu quatre fils de sa femme Gertrude, fille de Baudouin III, comte de Hainaut. Raoul IV, l'aîné, lui succéda et mourut en 1162, laissant de sa femme, fille de Robert, comte de Leicester, un jeune fils du nom de Roger IV.

Ce prince n'étant pas en âge de se défendre, sa jeunesse s'écoula sous la tutelle du roi d'Angleterre. Dans les guerres de Philippe-Auguste et de Jean-sans-Terre, Roger se déclara en faveur de ce dernier dont il se regardait comme le vassal. A la mort de Richard, en 1199, le roi de France ayant pris les armes, s'empara d'Acquigny et de Conches qu'il enleva de force.

L'année suivante, par le traité du Goulet, conclu le 22 mars 1200, Philippe-Auguste exigea la démolition de la forteresse de Portes; Roger perdit Acquigny, ne conserva Conches qu'en se portant garant du roi d'Angleterre, et s'engagea par serment à se soumettre au roi de France avec toutes ses possessions, si la paix était rompue par Jean-sans-Terre. Ce traité fut bientôt violé et la guerre recommença. Roger persista dans son alliance avec le roi d'Angleterre, et, pendant le siége du château Gaillard, il se rendit comme parlementaire auprès de Philippe-Auguste.

Le roi de France poursuivant ses conquêtes en Normandie s'empara une seconde fois de Conches en 1202. Lorsque cette province fut définitivement conquise, les seigneurs Normands, par la capitulation de Rouen, le 1ᵉʳ juin 1204, obtinrent de rentrer dans leurs biens, mais la famille des Tosny en fut exclue. Roger se retira dans ses domaines en Angleterre, tandis que ses biens en Normandie furent partagés par Philippe-Auguste entre ses compagnons d'armes. Le roi de France disposa du domaine de Conches en faveur de son cousin germain Robert de Courtenay.

CHAPITRE IV

Domination des Courtenay

de 1204 à 1250 .

Robert II, seigneur de Courtenay, petit-fils de Louis VI dit le Gros, et cousin germain de Philippe-Auguste, ayant reçu de ce dernier, à cause de sa parenté, le comté de Conches, lui promit et jura fidélité et obéissance, le 1er juin 1204. Dix-huit mois plus tard, le 7 janvier 1206, Philippe-Auguste vint lui rendre visite à Conches, où il coucha dans le château. Fidèle serviteur du roi, il prit part à la guerre des Albigeois, en 1210 et se trouva au siége de Lavaur. Ce fut à son retour, en 1211, qu'il donna à l'abbaye de la Trappe soixante sous tournois sur la prévôté de Conches. Ayant mis un gouverneur dans le château pour représenter sa personne, Robert passa ensuite en Angleterre au secours du prince Louis de France, en 1217, et se fit remarquer par sa bravoure dans un combat où il fut fait prisonnier, mais il ne tarda pas à obtenir sa liberté (1). Le roi Louis VIII le fit grand bouteiller, en 1223, et Robert de Courtenay pour lui témoigner sa reconnaissance accompagna ce monarque à la guerre du Poitou et au siége d'Avignon, en 1226. Après avoir utilement servi le roi Saint-Louis contre le comte de Champagne, il abandonna de nouveau sa résidence de Conches pour aller en Terre-Sainte, mais il mourut en Afrique pendant le voyage, vers le mois de juillet 1239 (2). Ayant épousé Mahaud, fille unique et héritière de Philippe, seigneur de Mehun-sur-Yerre et de Selles en Berry ; il en eut pour fils :

Pierre de Courtenay qui lui succéda dans le comté de Conches. De même que son père il jura fidélité au roi de France et fut toujours appelé à la cour Monsieur de Conches. Ayant choisi pour gouverneur Guillaume de Bellemare et pour bailli Jean de Bosegruel, après avoir emprunté douze cents livres à l'abbaye de Conches, il s'embarqua avec le roi Saint-Louis pour la Terre-

---

(1) En 1221, Robert de Courtenay reconnut que Guillaume des Minières était sénéchal fieffé de Conches et devait jouir comme ses ancêtres des droits attachés à cette fonction, tels que l'exemption du vinage, le pâturage de cent vingt porcs dans la forêt, un sanglier et un cerf par an, le bois nécessaire à sa consommation et à l'entretien de ses moulins de Grenleuseville. Il lui céda en outre le patronage des églises de Berville, Collandres, Romilly, la Houssaye et Saint-Aubin, La Haie de Romilly et le fonds de terre avec la faculté de défrichement, mais sans pouvoir en disposer en faveur des gens de Malmno te. Il se réserva la chasse et un hêtre à prendre par an ; mais il reçut de Guillaume, en échange de ces confirmations et donations, 80 livres tournois.

(2) Avant son départ, Robert confirma, en 1234, à l'église Saint-Pierre-de-Lierru tout ce qui avait été donné à cette église par Roger de Tosny, savoir : l'herbage et le pâturage des porcs, douze deniers par semaine à Ferrières, le bois mort, le bois à brûler et le bois de charpente nécessaire pour leur maison, etc. Il donna aussi 100 sous de rente à ce prieuré, à prendre annuellement sur le bailli de Conches.

Sainte en 1248. Ayant assisté l'année suivante à la prise de Damiette, il combattit généreusement à Mansourah en 1250, mais il mourut peu de temps après. Il avait épousé Pernelle de Joigny deuxième du nom, seigneur de Château-Regnart, et en eut une fille nommée Amicie de Courtenay (1).

(1) Une charte du premier cartulaire d'Artois nous apprend que le 3 août 1248, Pierre de Courtenay, chevalier, seigneur de Conches, donna à Robin de Saint-Liblin, son écuyer, trente acres de terre dans la forêt de Conches avec le droit héréditaire de chauffage, de pâturage et de mouture à ses moulins de Ferrières, moyennant une paire de gants de rente de la valeur de 3 deniers.

V. NORMAND

Vue de l'ancien Château de Conches.

CHAPITRE V

Domination des d'Artois

de 1250 à 1343

Mariage de Robert II, comte d'Artois, avec Amicie de Courtenay. — Restauration de l'Église Sainte-Foy. — Construction des murs du Grand-Parc. — Départ pour la croisade. — Siége de Tunis. — Guerre contre les Navarrois. — Prise de Pampelune. — Guerre avec l'Angleterre. — Bataille de Furnes. — Défaite de Courtray. — Mort de Robert II. — Philippe d'Artois. — Querelle avec Mahaut. — Mort de Philippe. — Robert III. — Prise de possession du comté d'Artois. — Nouveau procès avec Mahaut. — Production de faux titres. — Condamnation de ce prince par arrêts du parlement. — Guerre contre le roi de France. — Alliance avec l'Angleterre. — Confiscation des terres de Conches et de Beaumont. — Siége de Conches. — Destruction de l'abbaye. — Succès de Robert en Bretagne. — Sa mort en Angleterre. — Captivité de Jeanne de Valois et de ses deux enfants. — Réunion du domaine de Conches au duché de Normandie.

A la mort de son père, Amicie vint prendre possession de Conches ; Pernelle, sa mère, ayant renoncé à ses droits dans la succession, moyennant une pension de 2,000 livres parisis. Comme cette princesse avait épousé Robert II, comte d'Artois, fils unique et héritier de Robert de France, comte d'Afras et du pays d'Artois, ce fut ainsi que le comté de Conches passa dans la famille des d'Artois.

Amicie commença par accorder des droits immenses aux habitants; ils obtinrent de payer en deux termes les tailles qu'ils payaient précédemment tous les trois ans. Elle fit réparer la tour et le clocher de l'église Sainte-Foy. On l'appela à la cour de France Madame de Conches. Plus tard, ayant fait un voyage à Rome, elle y mourut et fut enterrée dans l'église Saint-Pierre où son tombeau exista longtemps.

Robert d'Artois vint s'établir à Conches, où il nomma Jean Resque comme bailli, en 1253 (1). Il fit entourer de murs, pour la conservation du gibier, l'immense terrain connu encore aujourd'hui sous le nom de Grand-Parc. Après avoir donné de grands biens à l'abbaye, il y fit construire un clocher dans le genre de celui de Sainte-Foy, mais il fut bientôt brûlé. Ayant aussi fait réparer les fortifications, il donna au bourg de Conches le titre de ville; et Pierre Le Bonnier ou Donnier, en 1265, obtint la charge de bailli. Deux ans plus tard, en 1267, Robert II fut créé chevalier par les mains du roi Saint-Louis, son oncle. Prenant la croix contre les infidèles, il s'embarqua avec le roi de France à Aigues-Mortes, le 1er juillet 1270, et assista au siége de Tunis.

A son retour, Robert, seigneur de Conches et de Domfront, confia, le 8 octobre 1273, son comté de Conches au chevalier Enguerrand d'Aurin. Après avoir châtié les Navarrois rebelles sur lesquels il prit Pampelune et beaucoup d'autres villes, il devint gouverneur de Sicile et tuteur des enfants du roi. Rentré de nouveau en France, il réconcilia le comte d'Armagnac et Raymond Bernard, comte de Foix, qui devaient se battre devant le roi, à Gisors.

(1) Le 5 mars, il accorda à maître Nicolas Cormebien, curé de l'église Saint-Éloi-du-Fidelaire, pour sa vie seulement, le droit de chauffage et de pâturage dans la forêt de Conches, à la charge de bien le servir lui et son bailli.

Philippe le Bel ayant déclaré la guerre à Édouard Ier, roi d'Angleterre, en 1293, Robert d'Artois partit pour la Guyenne où ses succès ne furent arrêtés que par l'interposition du pape et la révolte du comte de Flandres. Cependant notre comte d'Artois fut encore vainqueur des Flamands à Furnes où son fils Philippe, qui combattait avec lui, fut grièvement blessé (1297).

Les exactions de Jacques de Châtillon, gouverneur de la Flandre, ayant déterminé les communes flamandes à faire un nouvel effort pour se soustraire à la domination française, la guerre recommença. La chevalerie française, sous les ordres de Robert II d'Artois, courant à la rencontre des Flamands, les joignit près de Courtrai (11 juillet 1302), mais ceux-ci, braves et bien disciplinés, au nombre de vingt mille, s'étaient retranchés derrière un canal que son peu de largeur ne permettait pas d'apercevoir de loin. Le connétable de Nesle, frappé de la bonne contenance des Flamands, s'efforça de modérer la fougue des chevaliers français. « Est-ce que vous avez peur de ces lapins-là, ou porteriez-vous vous-même de leur poil? » lui dit le comte d'Artois : « Sire » lui répond le connétable indigné, « si vous venez ou j'irai, vous viendrez bien avant ». Aussitôt, donnant le signal, il se précipita sur les Flamands avec tant d'impétuosité qu'il n'aperçut le fossé qu'au moment où il ne lui était plus possible de s'arrêter. Toute la cavalerie qui l'avait suivi vint successivement se jeter dans le canal où ils périrent sous les longues piques des Flamands. Vingt mille hommes, quatre mille chevaliers avec leurs chefs le comte d'Artois, le connétable, le chancelier, les deux maréchaux de France, etc., y trouvèrent la mort. Robert II avait eu le corps percé de trente coups de pique.

Robert II était père de deux enfants :

1° Philippe d'Artois, seigneur de Conches et de Domfront;

Et 2° Maheult ou Mahaut, femme d'Othelin ou Othon IV, comte de Bourgogne, en 1291.

En mariant son fils Philippe avec Blanche, fille de Jean II, duc de Bretagne, Robert II d'Artois avait donné en douaire à ladite Blanche le tiers de la terre de Domfront et de celle de Conches, tandis qu'il avait remis le second tiers comme dot à Mahaut sa fille et qu'il s'était réservé l'autre partie. Il paraît que Philippe disputa à sa sœur la part qu'elle devait en avoir, car nous voyons dans une transaction de 1288 que Mahaut devait posséder un tiers dans la terre de Conches.

En 1270, le seigneur d'Harcourt promit de rendre hommage à Philippe pour obtenir chaque année un hêtre, un chêne, un cerf, un sanglier et le pâturage de cent porcs dans la forêt de Conches. Quelques années plus tard, en 1293, Philippe, sire de Conches et de Nonancourt, amortit le membre de haubert situé en la paroisse de la Gouberge et d'Émanville qui avait été vendu en 1287, moyennant quatre cent quarante livres dix sous tournois aux frères de la chevalerie du Temple par Robert des Essarts, écuyer, de la paroisse d'Épreville.

Philippe, qui avait suivi son père contre les Flamands, avait été blessé à Furnes en 1297, et, des blessures qu'il avait reçues, il mourut avant son père en l'an 1298. Il fut enterré aux Jacobins de Paris.

Philippe n'avait eu qu'un fils nommé Robert III, qui lui succéda. A la mort de son père, Robert III recueillit comme héritage le domaine de Conches et celui de Beaumont-le-Roger dont il porta aussi le nom. Robert II, son grand-père, étant mort en 1302, Robert III alla prendre possession d'Arras et du pays d'Artois, mais comme la coutume de ce pays n'admettait pas la représentation, Mahaut sa tante et sœur de Philippe son père, voulut faire valoir ses droits et le cita devant le parlement de Paris où il perdit sa cause (1302).

Robert continua néanmoins de jouir du comté d'Artois ; le procès fut suspendu, car il avait épousé Jeanne de Valois, sœur du roi Philippe VI. Ayant fait fabriquer par une jeune fille flamande un titre du comté d'Artois avec la signature de son grand-père Robert II, ce prince le soumit au roi de France qui le trouva en bonne forme. Mais Mahaut, duchesse de Bourgogne, soupçonnant la ruse de son neveu, fit présenter à l'examen du parlement ce titre fort bien contrefait ; le sceau et les pièces produites furent reconnues fausses et plusieurs arrêts rendus en 1309, 1318, 1332 et 1337 ordonnèrent la restitution à Mahaut du comté d'Artois. Par les ordres du roi, la jeune fille convaincue de faux fut brûlée sur le marché aux porcs, et Robert III fut menacé d'être exilé.

Furieux de n'avoir pu réussir, Robert jura de se venger. « Par moi, » dit-il, « et par mes poursuites, Philippe fut fait roi de France, mais par moi il en sera démis. » Passant en Angleterre, ce prince promet au roi Édouard III, son cousin, de le faire entrer en Normandie et en Bretagne et de le soutenir contre le roi de France (1337). Jacques Artevelle, chef des Flamands, de nouveau révoltés, fait au roi d'Angleterre les mêmes propositions qui sont acceptées avec empressement.

A cette nouvelle, Philippe VI confisque sur Robert les terres de Conches et de Beaumont dont il prend possession. Aussitôt, Robert III, dans l'espoir de recouvrer son ancien domaine, se met à la tête des troupes anglaises. Tandis que la flotte française est battue près du fort de l'Écluse (1340), il est vaincu près de Saint-Omer. Cependant il vient de nuit avec une division anglaise pour reprendre la ville de Conches, mais se voyant dans l'impossibilité de réussir, il livre aux flammes l'abbaye qui est entièrement détruite. Après ce désastre, les moines furent forcés de venir s'établir dans l'intérieur de la ville.

En 1342, le roi d'Angleterre avait pris le parti de Jean de Montfort contre Charles de Blois ; Robert III profita de cette occasion pour passer en Bretagne où il s'empara de Rennes. Poursuivant ses succès, il remporta plusieurs avantages, mais ayant reçu de graves blessures dans un combat près de Vannes, où il se distingua par son courage, Robert fut forcé d'abandonner la campagne. Il retourna en Angleterre et mourut à Londres en 1343, à l'âge de cinquante-quatre ans.

Pendant ce temps, Philippe VI avait fait mettre en prison sa sœur qui était femme de Robert III et ses deux enfants Jean et Charles, en faisant le serment de ne jamais leur accorder la liberté (1330). Cependant, à la mort de Robert, le roi de France délivra de prison Jeanne de Valois sa sœur, et ses deux neveux.

Robert III laissa six enfants :

1° Jean qui devint comte d'Eu ;

2° Charles qui fut longtemps prisonnier avec sa mère et son frère ;

Et 3° quatre filles.

Ainsi finit la domination de la famille des d'Artois sur le domaine de Conches qui fut réuni par Philippe VI à celui du duc de Normandie.

CHAPITRE VI

de 1343 à 1380

Jean de France, quinzième duc de Normandie. — Donation du comté de Conches à Charles le Mauvais. — Guerre avec ce prince. — Prise de Conches par le roi de France. — La garnison d'Évreux reprend la ville. — Arrestation de Charles le Mauvais. — Conches tombe une seconde fois aux mains du roi Jean. — Déclaration de guerre par Philippe de Navarre. — Les troupes du roi de France sont chassées de la ville. — Guerre avec le Régent. — Le Captal de Buch et le connétable Duguesclin. — Capitulation de Conches après un long siège.

Après la retraite de Robert III, Jean de France, quinzième duc de Normandie, était venu prendre possession du comté de Conches et c'est ainsi qu'il en fut seigneur de 1343 jusqu'en 1350, époque à laquelle il devint roi de France. En cette qualité il resta encore seigneur de Conches jusqu'en 1355 où il donna ce comté à son gendre Charles, comte d'Évreux et roi de Navarre qui avait épousé Jeanne de Valois, sa fille.

A cette époque, le roi de France voulant chasser les Anglais de la Normandie ne négligeait aucune occasion pour exécuter son projet. Il avait convoqué les états généraux et avait obtenu des secours considérables en hommes et en argent. Effrayé des intrigues tramées par Charles le Mauvais avec l'Angleterre et avec Étienne Marcel, prévôt des marchands de Paris, le roi profite de l'absence de son gendre qui s'était rendu à Avignon pour s'entendre avec les députés Anglais ; il envahit ses domaines; Conches attaqué à l'improviste tombe en son pouvoir, tandis que les autres villes, Évreux, Pont-Audemer, etc., prévenues par cette attaque subite se mettent en état de se défendre.

Cependant la garnison d'Évreux, informée du petit nombre de soldats laissés à Conches par le roi Jean, prend les armes, entre sur le comté de Conches et, se joignant à une troupe de Navarrois venus de Pont-Audemer, surprend la ville de Conches où elle entre malgré les soldats du roi de France. Pendant ce temps, Charles le Mauvais s'était formé un parti puissant parmi les membres des états généraux pour se faire porter sur le trône, mais le roi Jean irrité de cette conduite, le fit arrêter à Rouen en 1356. Tandis que ce prince était en prison, le roi Jean envahit de nouveau ses terres, s'empare de quelques places fortes, et Conches tombe une seconde fois aux mains de ses soldats.

A la nouvelle de la captivité de son frère, Philippe de Navarre adresse des reproches au roi de France au sujet de son arrestation au milieu d'un festin et de la décapitation des chevaliers qui l'accompagnaient. Il déclare qu'il se considère comme délié de tout service envers lui et qu'il se vengera de cette trahison en poursuivant la délivrance de son frère. Son exemple est aussitôt suivi par quatre seigneurs, sujets du roi de Navarre, qui font la même déclaration et l'exécution suit de près les menaces.

Vers la fin de juin 1356, le duc de Lancastre fait lui-même une descente en Normandie et réunit ses troupes à celles de Philippe de Navarre. Après avoir traversé Lisieux et le Bec, ces deux chefs vont au secours de Pont-Audemer, assiégent, pillent et brûlent Évreux, Mortagne et Verneuil. Conches à son tour est attaqué et pris d'assaut, la garnison du roi de France est massacrée tout entière, le château et l'abbaye sont livrés aux flammes (1357).

Les vainqueurs nommèrent alors Jean de Gresly gouverneur de la ville et du château, et peu de temps après (novembre 1357) Charles le Mauvais obtenait sa liberté.

A peine sorti de prison, ce prince reprit ses projets ambitieux en se faisant saluer comme roi de France par ses partisans toujours dirigés par Etienne Marcel, mais la mort de ce dernier lui enleva tout espoir de succès.

Alors Charles le Mauvais, déchu dans ses espérances déclara la guerre au régent et choisit en 1363 pour gouverneur de Conches le Captal de Buch son lieutenant (1).

L'année suivante (1364) Charles V, roi de France, voulant porter remède à tous les maux qui désolaient son royaume, avait choisi avec discernement les hommes auxquels il remit la conduite de la guerre. Le plus célèbre de tous ces capitaines fut Bertrand Duguesclin, chevalier breton qui s'était illustré par son courage dans la guerre de la succession de Bretagne. La

(1) On trouve dans une *Notice sur Bernay* par M. Canel, le passage suivant relatif à Conches :

« Lamouras de Lignières, chevalier, reçoit pour ses gaiges à lui dûs des années 1360 et 1361, à un écu par jour.

» Jean de Couillarville écuyer, Gaillon de Préaux, Jean Hallebout, Pierre de Saint-Martin, Jean le Bourguignet, hommes d'armes établis à la garde des chastel et ville de Conches par mandement du 7 juillet 1361, à 12 écus par mois chacun. Payé les mois de novembre et décembre 1361.

» Robert de Couillarville, ordonné capitaine de Conches, à 24 écus par mois de gaiges par lettre du 7 février 1362, payé jusqu'au dernier février 1364

» Guillaume de Hannecourt, Robinet de Hannecourt, Hennequin de Laue, Pierre de Saint-Martin et Guillaume Aubert, hommes d'armes établis à Conches aux gaiges ordinaires de 12 livres. Payés de leurs gaiges jusqu'au 1er mars 1361.

» Athis de Lignières pour bons et agréables services, outre le bienfait qu'il prend de monseigneur, lui a été octroyé la crue d'un homme d'armes sous son gouvernement par lettres du 25 janvier 1363 ».

paix signée entre la France et l'Angleterre n'avait point mis fin
à cette guerre ni aux folles prétentions de Charles le Mauvais.

Combattant en Bretagne pour la maison de Penthièvre contre
celle de Montfort, et en Normandie pour la cause du roi de
France, Duguesclin enleva successivement au roi de Navarre
toutes les places qu'il possédait.

Après la bataille de Cocherel, en 1364, où le Captal de Buch
avait été fait prisonnier, Charles le Mauvais n'avait obtenu la
liberté de son lieutenant, par le traité du 27 mai de la même
année, qu'en cédant le comté de Longueville que le roi de
France donna à Duguesclin en récompense de ses services. Afin
de le dédommager de cette perte, le roi de Navarre avait donné
Conches au Captal qui n'en resta pas longtemps paisible possesseur (1) ; car en 1371, Duguesclin lui-même à la tête de trente-
un chevaliers et deux cent dix-huit écuyers vint mettre le siége
devant la ville. Un Breton célèbre par sa valeur, Allain Taillecol,
s'était joint à lui avec neuf écuyers. Ces assiégeants, au nombre
de trois cents environ, étaient accompagnés d'un plus grand
nombre de varlets, pages et servants, les uns à pied et les autres à cheval.

Le Captal de Buch avait de son côté pris les dispositions
nécessaires pour résister à un ennemi aussi puissant. Les fortifications avaient été réparées et augmentées ; il avait fait construire près du donjon une tour considérable qui porte encore
son nom. Le château était défendu par une garnison nombreuse

---

(1) Jean de Grelly, Captal de Buch, devenu ainsi seigneur de Conches, avait fait
une donation de la terre de Quincarnon à Guérard Mausergent, bailli du roi de
Navarre à Évreux et bailli de Conches ; mais ce dernier ne profita pas de ce domaine que des guerres incessantes avaient empêché de cultiver, car il fut tué par les
gens du roi et sa terre confisquée. Ses fils réclamèrent, mais la chambre des comptes
repoussa leur demande en 1388.

commandée par deux illustres chevaliers, Archambaûlt de Grelly, oncle du Captal, et Garcie Arnault de Salins, capitaine de Breteuil.

Les seigneurs qui relevaient du château de Conches furent convoqués ; de ce nombre étaient, le seigneur du fief du Boshion qui était tenu à dix jours de garde de la porte d'Orvaux, le seigneur de Fourneaux qui devait quarante jours de garde à la porte du Val, et le seigneur du fief de Champignolles qui était tenu à vingt jours de garde de la porte de Breteuil en temps de guerre (1). En outre, tous ceux qui avaient embrassé le parti de Charles le Mauvais vinrent au secours des assiégés. Le siége fut poussé avec vigueur, mais la défense répondit à l'attaque. On déploya beaucoup d'ardeur de chaque côté et la résistance fut longue. Cependant les assiégés finirent par céder, mais par la convention qui fut conclue, ils obtinrent la vie sauve et la ville fut remise aux mains de Duguesclin pour le roi de France.

Quelques auteurs prétendent que le comté de Conches resta entre les mains du connétable, en récompense des services qu'il avait rendus. Une inscription placée autrefois dans le chœur de l'abbaye paraissait le prouver :

« Ci-gist Pierre de Fourneaux, maître des mines et cheva-
« lier du bon connétable Bertrand, il a fait beaucoup de bien à
« cette église et mourut en 1402. »

Ce seigneur semble donc avoir été le gouverneur de Duguesclin qui mourut en 1380 au siége de Châteauneuf de Randon, en Gévaudan.

(1) Un jugement rendu à Conches le 28 juin 1658, sous la présidence de Alexandre Guillard sieur de la Motte, lieutenant, ancien particulier au bailliage d'Évreux pour la vicomté de Conches, estime à 15 sols tournois chaque jour de garde du seigneur de Champignolles.

CHAPITRE VII

de 1380 à 1461

Durand Filleul, vicomte de Conches. — Prise de la ville par le roi d'Angleterre. — Domination anglaise. — Les Français reprennent cette place qui tombe une seconde fois aux mains de Henri V. — Le sire d'Effaucomberge. — Robert de Floques et Pierre de Brézé chassent les Anglais. — Charles VII maître du domaine de Conches.

A la mort de Duguesclin, le domaine de Conches dût rentrer sous la domination du roi de France qui, cependant, devait recevoir les revenus de la vicomté, car le 30 janvier 1379, il est accordé une indemnité de treize livres tournois au grenetier de Conches pour être venu à Paris remettre et compter sa recette au trésorier des guerres. Nous voyons, d'après des comptes déposés aux archives de l'Eure, que Durand Filleul, vicomte de Conches, paie sur les revenus de la vicomté, en 1386, les réparations d'un pont-levis de la ville, et, en 1390, six livres tournois pour vingt setiers de chaux. Le contrôleur du grenier à sel prélève sur ses recettes, le 13 janvier 1387, deux cent cinquante livres, et le 17 mars 1389, deux cents livres qu'il envoie au trésorier des guerres à Paris.

Depuis le siége mémorable de 1371, il ne s'était passé aucun événement important, et la paix la plus profonde n'avait cessé de régner. On avait créé l'office de garde du parc de Conches. Le 3 décembre 1396, Jehan Dubus, vicomte de la ville, reçoit pour ses gages sept livres dix sols du parquier du parc, et, le 31 mai 1403, le prévôt de Paris vidime la lettre qui nomme Jehan Le Pelletier garde du parc de la ville.

Le 22 avril 1405, Pierre de Narbonne, receveur du grenier à sel, reçoit soixante livres par an pour son traitement ; et Jehan de Chambéré, écuyer, remplit les fonctions de lieutenant du verdier de la forêt. Les trésoriers généraux du roi ayant ordonné à Jehan Deshayes, vicomte, de verser quatre cent cinquante livres tournois au maître de la chambre des deniers du roi, cet ordre est exécuté le 20 avril 1407. Nous trouvons plus tard, le 2 septembre 1413, Nicolas Henri, vicomte de Conches, et le 26 janvier 1419, Cosme de Bavery.

Au moment de l'invasion anglaise, Henri V, roi d'Angleterre, en faisant la conquête de la Normandie. s'empara de Conches. On voit encore sur le parc et dans la forêt les demi-lunes et les parallèles qui furent établies par les Anglais pour prendre la ville ; l'importance de ces travaux peut donner une idée des obstacles qu'ils éprouvèrent pour s'en rendre maîtres. Les fortifications furent remises en bon état et placées sous la surveillance d'une garnison considérable d'Anglais. En 1423, Guillot Delos, capitaine et gouverneur anglais, fit réparer le pont-levis du donjon et reçut soixante sous tournois pour son logis et pour ses gages.

L'année suivante, Jehan, duc de Bedfort, régent de France, ayant nommé Jehan Arthur, capitaine de Conches, lui donna l'ordre de recevoir les monstres des garnisons de Dreux et de

Damville. Le 30 juin 1429, Richard Water, écuyer, capitaine dudit lieu, fit la déclaration de la revenue des guets de la chastellenie de Conches baillée à Jehan Langlois, vicomte de la ville, d'après l'ordre du duc de Bedfort. Cette pièce intéressante nous faisant connaître l'importance de Conches à cette époque, nous croyons utile de la donner tout entière. (Voir note A.)

L'Assemblée tenue à Mantes en 1430, sous Henri Standick, capitaine Anglais, ayant décidé de prélever une aide :

1° La paroisse de Sainte-Foy fut imposée à trente-huit livres ;

2° La paroisse de Saint-Étienne fut imposée à cent dix sols ;

Et 3° celle de Notre-Dame-du-Val à dix livres. (Voir note B.)

A cette époque, les succès de Jeanne d'Arc avaient fait éprouver aux Anglais plusieurs défaites, et quoique cette héroïne fut prisonnière depuis le 24 mai 1430, l'Angleterre redoutant de nouvelles attaques de la part du roi de France, prenait toutes ses disposition pour lui résister. Aussi le 1er juillet 1430, le trésorier général en Normandie donne à Rouen l'ordre au receveur d'acheter quatre mille traits à arbalètes, mille demi-dondaines et cent grosses dondaines à arbalètes pour les remettre au comte de Stadfort et aux autres capitaines qui occupaient Conches.

Tandis que Jehan de Cintray est nommé vicomte en 1431, Henri Standick, capitaine de la ville, reçoit le 17 avril de la même année sept cent quatre-vingts livres huit sols neuf deniers du receveur général de Normandie, pour ses gages et ceux de quatre hommes d'armes à cheval, cinq à pied et trente archers qui sont placés sous son commandement.

Le 24 juin de l'année suivante, Henri Standick passa à Conches la revue de cette garnison en présence de Jehan Langlois, lieutenant du bailli d'Évreux, et de Jehan Amaury, vicomte de la ville. Une inspection faite sous ce même capitaine, en 1438, nous apprend qu'il ne se trouvait dans cette ville ni tisserands ni drapiers pour le fait de la guerre.

Charles VII, roi de France, ayant recommencé la guerre contre les Anglais, le château de Conches fut attaqué et pris par les Français en 1440, et Robert de Floque obtint, comme récompense, la charge de gouverneur. Plusieurs autres places tombèrent aussi en son pouvoir, mais ses succès furent de courte durée ; car l'année suivante, le général anglais Talbot, revenant à la tête de nouvelles troupes, vint mettre le siége devant la ville. Robert de Floques fut à son tour obligé d'abandonner la place et Talbot le remplaça comme gouverneur.

Le 5 octobre 1442, Henri, roi de France et d'Angleterre, par lettres données à Rouen, abandonna pour trois années à partir de la Saint-Michel 1442, le domaine de Conches et ses revenus au sire d'Effaucomberge, capitaine de ladite ville, à la condition d'y entretenir vingt lances à cheval, vingt lances à pied et cent vingt archiers. (Voir note C.)

Le 27 juillet 1444, le vicomte de Conches donna à Robert Prinstrop, écuyer, naguère capitaine de la ville, la somme de soixante livres tournois pour ses gages. Lorsque le sire d'Effaucomberge eut cessé ses fonctions de capitaine en 1445, on ne trouve plus dans la forteresse qu'une garnison de quatre lances à cheval, six lances à pied et vingt-deux archers.

La trêve ayant été rompue en 1448, entre la France et l'Angleterre, les hostilités furent bientôt reprises. Les Français, sous le commandement de Jehan de Floque, bailli d'Evreux, et de Pierre de Brézé, capitaine de Louviers, emportèrent d'assaut la ville de Conches en 1449, et en chassèrent tous les Anglais, mais ceux-ci en se retirant emportèrent tous les titres de la ville.

Pierre Blosset, chevalier, bailli et capitaine de Conches, exerça ces fonctions de 1458 à 1461.

Ainsi finit la domination anglaise, et Charles VII resta maître du domaine de Conches jusqu'en 1461, époque de sa mort.

CHAPITRE VIII

de 1461 à 1650

Robert Pelléguars. Monstre de Beaumont-le-Roger. — Fondation de l'hospice. — Blanche, reine de France et Nicolas Rougeole. — Établissement des souterrains — le comte de la Mirandole — Conches est assiégé par le comte de Tavannes. — Prise de la ville par les ligueurs d'Evreux. — Monstre de la garnison du château.

A la mort de Charles VII, Louis XI en montant sur le trône appela Robert Pelléguars, comte de Barme en Viennois, au comté de Conches et de Breteuil en 1461. Aucun événement remarquable n'arriva jusqu'en 1472, époque à laquelle ce vicomte mourut à Conches. Son corps fut inhumé dans le chœur de l'abbaye, sous la lampe, où l'on remarquait son tombeau. On lui attribue généralement la construction actuelle de l'église Sainte-Foy.

A la monstre générale tenue à Beaumont-le-Roger les 27 et 28 mars 1469 par Louis Bâtard de Bourbon, comte de Roussillon, lieutenant général du roi en Normandie, Mathieu Henri, vicomte de Conches et de Breteuil. présenta pour et en lieu de lui, à faire le service envers le roi, notre dit seigneur, Jehan Berthelot, son lieutenant général armé de brigandines, harnoys de jambes, vouge, dague, salade et espée ; à quoi il fut reçu pour

4

ledit vicomte, considéré la charge et entremise que a icelui vicomte pour ledit seigneur, tant à faire pour la recette des deniers dûs à icelui seigneur à cause de son domaine de ladite vicomté que autres choses.

Le nombre des nobles noblement tenants, officiers et autres de ladite vicomté de Conches et de Breteuil qui se présentèrent est tel qu'il en suit :

13 archiers,

12 vougiers,

21 demies lances et javelines,

Et 16 hommes d'armes.

Sans compter les nobles et noblement tenants en ladite vicomté, demeurant hors dudit bailliage et qui se sont présentés à ladite monstre. (*Monstre générale de la noblesse du bailliage d'Évreux en 1469. Archives de l'Eure, art. 25.*)

D'après l'abbé Catel, ancien curé du Fresne, qui avait fait à la fin du siècle dernier une histoire manuscrite, mais où fourmillent tant d'erreurs qu'il est impossible de s'y reporter pour beaucoup de faits, l'Hôtel-Dieu de Conches ne daterait que de 1479, quoique son origine soit bien plus ancienne. Une charte du cartulaire d'Artois nous apprend que le 1er novembre 1220, Blanche, reine de France, remet en signe de reconnaissance au frère Robert de Conches une rente de douze deniers, un demi-setier de blé, douze boisseaux d'avoine, et un quart de chapon pour avoir fondé un hôpital pour les pauvres, et cette donation fut confirmée par Saint Louis au mois de septembre 1231.

Plus tard, Nicolas Rougeole, originaire de Conches, receveur des aides en l'élection d'Évreux, par acte passé en 1479 devant les tabellions royaux de la vicomté, donna sa maison pour servir d'Hôpital aux pauvres de la ville. Ayant fait construire une cha-

pelle qu'il plaça sous l'invocation de Saint-Nicolas, son patron.
il la dota de cent livres de rente, mais ces constructions furent
démolies vers 1700.

Pierre Delaitre succéda à Robert Pelléguars en 1472; le chevalier Renaud Havart en 1484, Amaury en 1492. Antoine Delaitre dit Cauvart, vice-amiral de France, seigneur de Grassart
et de Gigneville en 1495, Jean Masseline en 1500, devinrent
successivement vicomtes de Conches.

Il est certain que ce fut au commencement du xvi° siècle que
la ville de Conches prenant une importance plus considérable,
les nouveaux habitants furent obligés de s'établir en dehors des
fortifications, soit au Val, soit à Saint-Étienne. Le nombre de
maisons avait tellement augmenté que, faute d'espace, on con-
struisit ces caves ou souterrains qui existent dans un grand
nombre d'habitations. Plusieurs de ces souterrains durent servir de refuge aux vieillards, femmes et enfants pendant les guerres
et les siéges que la ville eut à supporter dans tout le xvi° siècle.

Les plus remarquables sont : 1° ceux de M. Chevereau qui ser-
virent de prison à une certaine époque ainsi que l'atteste une
inscription gothique gravée sur les murailles. On remarquait
autrefois sur cette maison de magnifiques sculptures en bois
représentant l'entrée du roi Darius, elles ont disparu à la révolution ; 2° du café Sainte-Foy; 3° de M. Préaux; 4° de M. Putel-
Breton ; cette maison, aujourd'hui propriété de la ville, date du
temps de François I° et mérite l'attention par ses belles sculptures ; et enfin celle de M. Diacre, chapelier. On y voit encore un
certain nombre d'anneaux et de crochets en fer suspendus à la
voûte.

Antoine Rassent, écuyer, remplissait en 1532 les fonctions de
lieutenant de la vicomté. Les comptes de 1557 nous apprennent

que les revenus de la vicomté de Conches s'élevant à 1800 livres tournois appartenaient au comte de la Mirandole, par don du roi, mais ils ne font pas connaître les motifs de cette donation. Jean d'Annebaut, alors capitaine, reçoit cent livres tournois pour ses gages de l'année 1557, et Louis de Romilly, grand maître des eaux et forêts, touche la même somme pour son traitement. Le 4 janvier 1556, le sieur Ducoudray, qui occupait la charge de vicomte, ayant reçu cent livres pour ses gages de l'année 1555, la remet à Guillaume Dujardin qui lui succède.

La même année, l'évêque d'Évreux touche dix livres tournois pour deux cerfs et deux sangliers qui lui étaient dûs aux termes de Pasques et de Saint-Michel.

L'année suivante, nous voyons la ferme de la garde des sceaux de la vicomté adjugée moyennant dix sols huit deniers, et celle du tabellionage par celle de trois cent quatre-vingt-deux livres tournois pour trois années. Le comte de la Mirandole avait nommé pour son receveur à Conches le sieur de Becarry, et en 1558 il reçut treize cent treize livres cinq sols pour ladite vicomté. En 1587, Jacques Martel Bacqueville était capitaine de la ville; ce fut un des donateurs des vitraux de l'église Sainte-Foy où il fut inhumé.

En 1569, Charles IX érigea le comté d'Évreux en duché-pairie en faveur de son frère puîné le duc d'Alençon, mais bientôt il le reprit à ce prince en lui donnant d'autres terres en échange; cependant Henri III le lui restitua en 1575. Le nouveau duc en prit immédiatement possession, et l'évêque d'Évreux, en 1577, lui rendit foi et hommage pour ses baronnies. Le duc d'Alençon étant mort sans enfants en 1584, son apanage fit définitivement retour à la couronne.

La Ligue qui avait pris naissance dans les dernières années

de Henri III, mort en 1589, éclata hautement à l'avénement de Henri IV, après le crime de Jacques Clément. Les ligueurs sous prétexte que le roi favorisait ou tolérait la religion nouvelle ou réformée s'armèrent contre lui.

Tandis que les autres villes embrassaient avec enthousiasme le parti de la Ligue, Conches restait fidèle au roi de France; aussi lorsque le comte de Tavannes, gouverneur de Normandie pour la Ligue, se présenta devant la place au commencement de 1590, ses habitants avec la garnison du château le repoussèrent vaillamment à coups de canon, et c'est là que le seigneur de Falandres, fameux ligueur, ayant voulu escalader la forteresse, fut tué d'un coup d'arquebusade.

Claude de Sainctes, nommé à l'évêché d'Évreux en 1575, se faisait remarquer par son zèle trop ardent contre la réforme. Cédant à ses exhortations, les bourgeois d'Évreux se réunirent à un grand nombre de paysans et allèrent assiéger Damville qui se rendit en payant les dépenses de ces gens de guerre.

Ces ligueurs, alors rassemblés au nombre de cinq mille, prirent d'assaut le château d'Harcourt et reçurent la soumission de celui du Neubourg. Se joignant ensuite à l'armée du duc de Montpensier, ils vinrent mettre le siége devant Conches vers la fin de 1590. Le château ne put leur opposer qu'une faible résistance. La ville fut pillée et saccagée ainsi que l'abbaye. Les maisons du Friche-Coquille furent abattues et l'endroit par lequel les nouveaux réformés de Conches se sauvèrent pour échapper aux ligueurs, s'appelle encore la Côte-aux-Huguenots. Dans ce désastre, on détruisit une construction en bois qui couronnait le donjon, le pont-levis fut démoli, les autres tours furent démantelées et on renversa le vieux château des seigneurs de Conches.

Après s'être ainsi vengés, les ligueurs paraissent y avoir séjourné peu de temps, car ils durent bientôt retourner à Évreux qui était menacé par les forces du maréchal de Biron (10 janvier 1591). Conches rentra aussitôt sous l'obéissance du roi de France et s'occupa de réparer ces désastres.

Une nouvelle garnison fut placée dans le château, et les 12 juin, 16 octobre 1593 et 5 mars 1594, Louis Guillard, sieur de la Motte, lieutenant du bailli d'Évreux, et Mathurin Nouvel, procureur du roi, firent la revue en la ville de Conches de vingt hommes de guerre à cheval armés de toutes pièces qui étaient sous les ordres de Hamon de Mailloe, capitaine, sieur de Saint-Denis, qui commandait le château.

Ce capitaine resta à Conches jusqu'en 1604, et le roi de France n'y conservant qu'une faible garnison pour y maintenir son autorité, la retira en 1651 au moment de l'échange fait avec les ducs de Bouillon.

Constance Letolphy occupa ce poste de capitaine jusqu'en 1613. Après lui cette place fut confiée à Gille de Vipart, sieur de Tilly, et ensuite à messire Gabriel de Clinchamp, baron de Bellegarde, qui fut nommé bailli d'Évreux par le roi Louis XIII, le 31 octobre 1619 et installé le 8 février 1620. Messire Tannegui de Clinchamp, seigneur et baron de Pommerain, et en 1630 Pierre Martel de Rouen, sous-gouverneur furent capitaines du château (1).

Les années 1649 et 1650 furent troublées par les guerres ci-

(1) Les habitants des paroisses du Fidelaire, de Sébécourt, Sainte-Marguerite, Sainte-Marthe et Baubray avaient obtenu en 1605 des lettres patentes de Henri IV pour jouir à perpétuité des terres qu'ils tenaient dans l'enclos de la forêt de Conches, en payant seulement cinq souls pour acre de rente et redevance en la vicomté dudit Conches, au lieu d'une mine de blé et un chapon de rente qu'ils payaient anciennement par la fieffe qui leur en avait été faite par les comtes et seigneurs de Conches.

viles qui furent excitées à l'occasion du cardinal Mazarin que
des mécontents ambitieux et jaloux ne pouvaient voir comme
ministre. Plusieurs villes furent engagées dans ces troubles qui
s'appelèrent la Fronde, mais Conches paraît n'y avoir pris aucune part. Depuis sa réunion à la couronne après le départ des
Anglais, cette ville qui s'était accoutumée plus facilement aux
douceurs de la paix qu'aux périls de la guerre, ne voulut se
mêler à aucun de ces événements, en restant fidèle au roi.

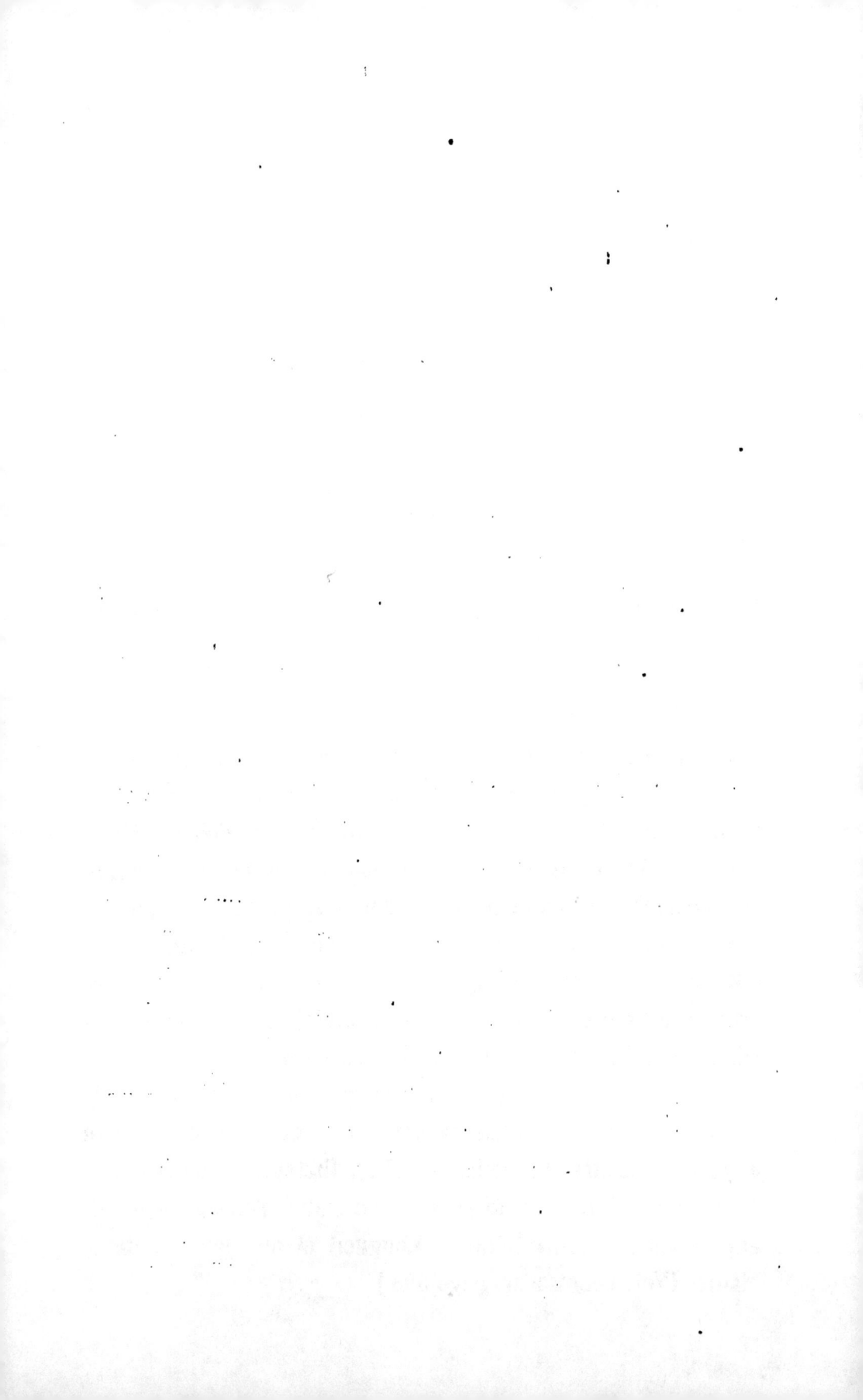

CHAPITRE IX

Échange du comté d'Evreux par le roi de France. — Concession du flottage de l'Iton. — Généalogie des ducs de Bouillon.

Louis XIII, après avoir déclaré la guerre au roi d'Espagne en 1635, avait envoyé dans le Brabant une puissante armée dont le commandement de toute la cavalerie fut donné à Frédéric-Maurice de la Tour d'Auvergne, duc de Bouillon, prince de Sédan et de Raucourt, renommé pour son habileté. Au mois de janvier 1642, ce prince avait obtenu la lieutenance générale de l'armée d'Italie, mais ayant participé à un traité que Gaston, duc d'Orléans, avait fait avec l'Espagne, il fut arrêté et obligé de donner Sédan au roi de France qui voulait par cette ville protéger les frontières de la Champagne. En échange, Louis XIII lui accorda le comté d'Evreux et d'autres domaines : ce comté comprenait alors les vicomtés d'Evreux, Conches, Breteuil, Nonancourt et Beaumont-le-Roger conformément au traité d'engagement fait auparavant à messire Réné de Longueil et au sieur comte de Maure. (Voir Lebrasseur, page 393.)

Louis XIII mourut quelques années plus tard, mais Louis XIV, son fils, fit exécuter ce traité commencé en 1642 et que n'avait pu terminer son père.

Par acte passé devant les notaires du Châtelet, à Paris, le 20 mars 1651, les principautés de Sédan et de Raucourt furent échangées au roi de France, par le duc de Bouillon, avec le comté d'Evreux et d'autres terres. La vicomté de Conches qui faisait alors partie du domaine de la couronne fut donc ainsi comprise dans cette cession. Cette famille la conserva jusqu'à la Révolution ; mais à cette époque, par le fait des princes de Rohan, héritiers de la maison de Bouillon, elle passa dans d'autres mains.

Voici la liste des princes de cette famille qui ont possédé le pays qui nous occupe :

Frédéric-Maurice de la Tour d'Auvergne, duc de Bouillon, échangiste, et premier comte d'Evreux (1) ; il mourut le 9 août 1652. Il était né à Sédan, le 23 octobre 1605, et avait épousé en 1634, Léonore de Berg.

Godefroi-Maurice, duc de Bouillon, fils aîné du précédent et deuxième comte d'Evreux, épousa en 1661 Marie-Anne de Mancini, nièce du cardinal Mazarin. Il fit bâtir en 1686, près d'Evreux, le nouveau château de Navarre. Il eut plusieurs enfants, mais l'aîné, Louis de la Tour, prince de Turenne, mourut d'une blessure reçue dans une bataille contre les Turcs, le 5 août 1692.

Emmanuel-Théodose de la Tour d'Auvergne, dit le duc d'Albret, troisième comte d'Evreux, succéda à son père depuis 1721 jusqu'au 17 mai 1730, époque de sa mort.

---

(1) Ce fut ce prince qui, par lettres données le 1er août 1651, nomma Jean Martel capitaine et gouverneur des ville et château de Conches.

Charles-Godefroi de la Tour, quatrième comte d'Evreux, né le 10 juillet 1706, mourut le 21 octobre 1771. Ce fut ce prince qui obtint par arrêt du conseil du 20 mai 1749, la concession du flottage sur l'Iton. Des travaux furent alors entrepris pour la canalisation du Rouloir et de l'Iton ; ils étaient destinés à faciliter le transport par eau des arbres de la forêt de Conches, à cause du mauvais état des chemins à cette époque. Ce mode de transport, qui, dans le principe nécessitait de douze à quinze jours pour arriver jusqu'à Rouen, fut supprimé vers 1818, tant à cause de la création des routes, que par suite des dépenses considérables nécessitées par l'entretien des berges et des vannages.

Il avait épousé en avril 1724, la princesse Sobieska, veuve de son frère aîné

De ce mariage, il eut :

1° Godefroi-Charles-Henri ;

2° et une fille mariée au prince de Rohan.

Godefroi-Charles-Henri de la Tour d'Auvergne, duc de Bouillon, cinquième comte d'Evreux, né à Paris le 24 juin 1728, mourut à Evreux, le 3 décembre 1792.

Marié en premières noces à Louise-Henriette-Gabrielle de Lorraine, décédée à Paris, le 4 septembre 1788, de ce mariage il eut :

1° Charles-Louis-Godefroi de la Tour, prince de Turenne, né le 22 septembre 1749 et mort au château de Navarre, à l'âge de dix-huit ans, victime d'un accident ;

2° et Jacques-Léopold-Charles-Godefroi.

Marié une seconde fois en 1789, il épousa Mlle de Banastre dont il n'a pas eu d'enfants.

Jacques-Léopold-Charles-Godefroi de la Tour, sixième comte d'Evreux, dernier duc de Bouillon de la maison de la Tour, était estropié et contrefait. Il avait épousé Marie-Éléonore-Christianne. princesse de Hesse-Rhinfeld ; il mourut à Paris, sans enfants, le 7 février 1802.

C'est à partir de l'échange de 1651 que la forteresse de Conches tombe pour ne plus se relever. Cette ville, perdant toute son importance militaire, ses murailles disparaissent, son rôle est terminé et il ne lui reste plus qu'à se reposer des fatigues de la guerre. Là, dans ces fossés où tant de braves périrent autrefois, on ne voit aujourd'hui que de belles allées sinueuses bordées d'avenues qui conduisent au pied de son vieux donjon, et en parcourant ces ruines qui se dressent encore menaçantes, la pensée se reporte naturellement vers tous ces événements dont elles furent autrefois les témoins.

FIN DE LA PREMIÈRE PARTIE

DEUXIÈME PARTIE

CHAPITRE X

Précis chronologique des principaux événements de la ville de Conches pendant la Révolution.

Au moment de la Révolution, la commune actuelle de Conches était divisée en quatre paroisses :

1o Sainte-Foy, c'est-à-dire la ville proprement dite renfermée dans la dernière enceinte des Tosny ; c'était le siége de l'élection. du grenier à sel, etc.; 2º Saint-Etienne ; 3o Notre-Dame-du-Val ; et 4º le Vieux-Conches.

En 1789, cette commune était divisée en deux municipalités : Sainte-Foy avec Saint-Etienne, et Notre-Dame-du-Val avec le Vieux-Conches.

La municipalité de Sainte-Foy était dirigée par un maire, M. Legendre, Pierre-Alexandre, nommé le 24 juin 1772, et par deux échevins, Pierre Dugast, et Chéron, conseiller du roi.

30 août 1789. L'administration donne sa démission.

6 septembre 1789. Formation d'un comité composé de six

membres. Le prétoire sert de lieu de réunion à défaut d'hôtel-de-ville, pour les paroisses de Sainte-Foy et de Saint-Étienne.

27 septembre 1789. Les habitants nomment comme maire M. Lesage, avocat, et comme échevins MM. Damilleville aîné et Lechartier-Lalondelle.

4 octobre 1789. Nomination d'un comité de douze membres pour les trois paroisses de Saint-Étienne, Sainte-Foy et de Notre-Dame-du-Val.

23 octobre 1789. Division de la milice bourgeoise de la ville en trois compagnies. Création d'un état-major.

9 novembre 1789. Organisation de la perception des impôts. M. Nouvel est receveur pendant quatorze jours.

23 novembre 1789. Nomination de huit adjoints. M. Brisset, notaire, devient receveur.

8 février 1790. L'administration est renversée. M. Lesage reste maire. Nomination d'un procureur et de cinq officiers municipaux.

9 février 1790. Élection des notables.

13 février 1790. Démission des officiers de la milice.

3 mai 1790. Suppression du grenier au sel. Antoine-Louis de Bretignières, dernier receveur.

17 mai 1790. Le sieur Bréavoine, huissier au bailliage de Conches, remplit les fonctions de commissaire de police.

18 juillet 1790. Chartier-Lalondelle est procureur de la commune.

16 janvier 1791. Renouvellement du receveur de la ville. Il touche six deniers par livre.

6 février 1791. Les deux paroisses réunies de Sainte-Foy et de Saint-Étienne ne forment plus qu'une section.

13 et 14 novembre 1791. Les paroisses de Sainte-Foy, Saint-

Étienne, Notre-Dame-du-Val et du Vieux-Conches, choisissent M. Nouvel comme maire. MM. Barbe et Lefebvre deviennent officiers municipaux. M. Defougy est procureur de la commune. Nouvelle élection des notables.

17 novembre 1791. M. Hardy, dernier maire de la municipalité du Val, remet les papiers et registres à M. Nouvel.

26 février 1792. Formation d'une garde nationale.

6 avril 1792. Jean Roger est nommé concierge de la prison.

19 avril 1792. Turreau est commandant en chef de la garde nationale.

10 juin 1792. Adjudication de la perception au sieur Barbe fils, à raison de quatre deniers par livre.

16 juillet 1792. Organisation des rôles des contributions.

3 août 1792. M. de Montour devient commandant en chef de la garde nationale.

28 août 1792. Serment du sieur Mullet, Pierre-Martin, dernier prieur de l'abbaye.

1er novembre 1792. La garde nationale est armée de piques.

2 décembre 1792. M. Nouvel est réélu maire. Renouvellement des cinq officiers municipaux, du procureur de la commune et des douze notables.

22 mai 1793. Fixation du prix du blé à quarante-trois livres dix sols le sac pesant 322 livres.

17 avril 1793. Désarmement des habitants.

11 mai 1793. Arrivée à Conches de cinquante chasseurs du département et de huit dragons, sous les ordres du citoyen Delaroche, dans le but de réprimer un mouvement contre-révolutionnaire. Arrestation du procureur de la commune et d'un membre de la municipalité.

28 mai 1793. Visites domiciliaires chez les cultivateurs pour

le recensement des blés. Dénombrement des personnes de chaque maison.

12 juin 1793. Adjudication de la perception des impôts au citoyen Leroy fils.

11 juillet 1793. Protestation de la municipalité de Conches contre les arrêtés du directoire du département de l'Eure des 6 et 14 juin.

18 juillet 1793. Promulgation de la Constitution précédée des Droits de l'homme.

30 septembre 1793. Formation d'une société dite des Montagnards.

1er octobre 1793. Création d'une société populaire dite des Sans-Culottes.

6 octobre 1793. Plantation d'un arbre de liberté.

14 octobre 1793. Réunion de tous les citoyens en la maison commune, et approbation universelle de tous les actes de la municipalité.

17 octobre 1793. Nouveau recensement des grains.

31 décembre 1793. Nouvelle protestation contre le maintien de la force armée dans la ville.

13e jour du 2e mois de l'an ii de la république. Signification au conseil général de Conches de conserver les chasseurs qui y sont envoyés.

20 brumaire an ii. Tous les titres de noblesse sont brûlés sur la place d'Armes.

25 brumaire an ii. Inventaire du mobilier des églises des quatre paroisses.

9 frimaire an ii. Destitution de la municipalité. Pierre Chartier est nommé maire.

10 nivôse an ii. Plantation d'un nouvel arbre de liberté. L'église de Sainte-Foy est convertie en salle de danse.

Primidi 2 ventôse. Nomination d'un comité de subsistance.

27 ventôse an ii. Les six sans-culottes membres du comité de surveillance reçoivent, à titre de solde pour trois mois, la somme de 2,500 livres qu'ils imposent aux dix personnes détenues par leurs ordres dans les prisons de la ville.

1er floréal an ii. Création de comités de la guerre et de la correspondance.

11 floréal an ii. Partage de la commune de Conches en quatre sections : la Montagne, la Fraternité, le Couchant et l'Unité.

25 floréal an ii. Réquisition de tous les habitants pour la confection du salpêtre.

1er prairial an ii. Sommation aux habitants de présenter leurs certificats de civisme.

6 prairial an ii. Donation de 2,000 livres pour la fabrication du salpêtre.

2 messidor an ii. Recensement de tous les grains.

12 messidor an ii. Le citoyen Brétignières est nommé maire.

22 messidor an ii. Arrêté de la société populaire pour élever une montagne sur le parc.

28 fructidor an ii. Nomination d'un officier municipal pour délivrer le bled les jours de marché.

26 thermidor an ii. Démolition de la chapelle de la Madeleine.

21 pluviôse an ii. La section dite de la Montagne prend le nom de l'Égalité.

24 ventôse an ii. Arrêté contre les rassemblements à cause des insultes faites aux membres de la société populaire.

9 frimaire an iii. La municipalité est traduite devant le tribunal révolutionnaire.

26 vendémiaire an III. Proclamation des officiers municipaux et du conseil général à la Convention nationale.

29 vendémiaire an III. Dénonciation à la Convention contre la municipalité et contre la société populaire.

4 germinal an III. Renouvellement de la municipalité, Pierre Dugast est élu maire.

5 germinal an III. Arrêté qui force tous les ex-membres du comité révolutionnaire à se présenter deux fois par jour devant la nouvelle municipalité. Désarmement de tous ces membres.

14 prairial an III. La nouvelle administration dénonce comme partisans du système de la terreur tous les membres de l'ancienne municipalité et de la société populaire dite de la Montagne. Curieuse description sur le registre des délibérations, du caractère sanguinaire de tous ces hommes.

CHAPITRE XI

Paroisse de Sainte-Foy

On ne comprend sous cette dénomination que la ville proprement dite, c'est tout l'espace de terrain avec le château qui se trouve compris entre les fortifications construites par Roger III de Tosny. Nous avons vu que la première église fut établie sous l'invocation de Sainte-Foy, par Roger Ier ; mais comme elle ne s'étendait que depuis le bénitier jusqu'au crucifix, elle était devenue trop étroite. Au xiie siècle, Roger III fit construire un chœur et une tour avec un clocher, mais pendant les siéges que la ville eut à soutenir contre Philippe-Auguste, l'église fut fortement endommagée et Amicie de Courtenay, dans la seconde moitié du xiiie siècle, fit réparer la tour ainsi que le clocher.

L'architecture de l'église actuelle ne remonte qu'à la fin du xve siècle. La tradition rapporte que Louis XI et son fidèle sujet Robert Pelléguars ne furent pas étrangers à la construction de l'église et de sa flèche ; ce qui paraît confirmé par les armes de France que l'on retrouve à différents endroits, aux clefs de voûte et sur les murs extérieurs.

Cependant la construction du chœur est attribuée à Jean Vavasseur, abbé régulier du monastère claustral de Saint-Pierre et Saint-Paul de Conches. Il est certain que cet abbé est aussi le donateur des magnifiques vitraux qui entourent le sanctuaire et qui font l'admiration de tous les artistes. Ces verrières sont l'œuvre de Aldegrever, peintre allemand de l'école d'Albert Durer. Les autres verrières placées de chaque côté des sous-ailes de la nef, sont aussi des œuvres remarquables des artistes du commencement du xvie siècle.

On conserve les noms de plusieurs des donateurs et les bienfaisantes familles des Martel (1), du Coudray, Berthelot, Baudot ont laissé à l'église de Conches d'impérissables souvenirs à la reconnaissance des habitants.

Il y a quelques années, on remarquait dans le chœur de cette église un superbe lutrin en bois sculpté de l'époque de François Ier. La porte de la grande sacristie est du même temps et l'on distingue aussi la poignée en fer ciselé décrite et publiée dans plusieurs ouvrages.

En pénétrant dans cette belle sacristie, construite du temps de Henri II, on y remarque les écussons de plusieurs familles illustres et entre autres celui de la maison de France, c'était autrefois une chapelle dédiée à la Sainte-Trinité; elle appartenait à la famille Chambon. Mais en 1679 ou 1680, après un long procès entre les trésoriers et les sieurs Chambon père et fils, cette chapelle fut convertie en sacristie. Plusieurs personnes de cette famille y furent enterrées, et la dernière était un seigneur de la Puthenaye.

(1) Cette noble famille est encore existante, et se trouve aujourd'hui représentée par M. le Comte de Montenolle, propriétaire du château de la Vacherie, commune de Barquet.

La petite sacristie était aussi une chapelle nommée la chapelle de la Motte, mais on ignore la cause de cette dénomination.

Cette paroisse était autrefois divisée en deux parties par une seule rue très-étroite qui partant de la porte de Breteuil aboutissait à celle du Val, et ce n'est qu'au XIXᵉ siècle que l'on a abattu un certain nombre de maisons pour porter cette rue à la largeur que nous voyons aujourd'hui. Vis-à-vis de la Comté, se trouvait la halle qui fut donnée à la ville en 1790 par Godefroi Charles-Henri, duc de Bouillon, mais détruite vers 1850.

Il existait sur cette paroisse deux endroits bien différents qui ont joué l'un et l'autre un rôle assez important. La *Cour Souveraine* où avait tenu l'Echiquier au XIIIᵉ siècle, et la *Cour des Miracles* qui était la demeure habituelle des gens sans aveu.

Vis-à-vis de la porte de l'église Sainte-Foy, il existait au milieu de la rue actuelle un large puits qui servait à alimenter la ville pendant les temps de siége.

La Charité de cette paroisse fut érigée en 1408. Ses armes sont un champ de gueule à un chevron d'or avec trois coquilles de même, deux en chef et une en pointe. Elle possède aujourd'hui les registres de l'ancienne charité du Val, tandis que les siens propres sont entre les mains de celle de Sainte-Marthe (1).

---

(1) L'article 33 du règlement primitif de cette confrérie portait que : les échevins, prévôts et frères servants sont tenus à faire sonner toutes les nuits les patenostres pour les trépassés entre minuit et une heure et à crier à haute voix : *Entre vous, bonnes gens qui dormez, réveillez-vous, réveillez-vous, pensez que vous mourrez et priez Dieu pour les trépassés.* Le tout aux dépens de la Charité.

CHAPITRE XII

Paroisse de Saint-Étienne

Avant la création des fourneaux et des forges aux Vauxgoins, par Maurice Allard, en 1625, des forges à bras existaient dans le faubourg Saint-Étienne. Cette paroisse avait peu d'étendue, elle commençait à la porte de Breteuil et renfermait ce qu'on appelle la Garenne (1), le Friche-Coquille (2), une partie de la rue du Bois, le Haut-de-l'Orme, la route d'Evreux, le mont Gravier (3), et le pont Rassent (4).

On ignore l'époque de la fondation de l'église primitive, mais l'édifice détruit à la Révolution devait appartenir à la fin du xvᵉ siècle. La porte principale, divisée en deux parties par un

_____

(1) La Garenne tire son nom d'un enclos que la famille des d'Artois avait fait entourer de murs pour se faire un jardin.

(2) Voir à la page 7 l'explication de ce nom.

(3) Ce fut un des curés de Saint-Étienne, l'abbé Leloutre, qui y fit construire la première habitation vers le xviiᵉ siècle.

(4) Ce pont, aujourd'hui détruit, fut construit au xviᵉ siècle par la famille Rassent, donatrice du vitrail des litanies de la Vierge (Église Sainte-Foy).

pilier central, avait accès sur la petite rue dite du Cimetière. Au-dessus, se trouvait la statue de Saint-Etienne, patron de la paroisse, vêtu de la Dalmatique et lapidé par deux Juifs ; c'est pourquoi dans un moment de lutte intestine les habitants de Sainte-Foy, du Val et du Vieux-Conches donnèrent à cette paroisse le nom de Judée. Une autre porte plus petite donnait une sortie sur la rue du Bois. Les petits autels de cette église ont été transportés à celle de Sainte-Foy ; ils étaient consacrés à la Sainte-Vierge et à Saint-Michel.

Cette église possédait d'assez beaux orgues vendus à la Révolution. Elle se faisait aussi remarquer par sa flèche élancée et couverte en essente. Le cimetière entourait l'église.

Le presbytère était à peine terminé quand éclata la Révolution, et le regret de voir l'église fermée et le presbytère abandonné, poussa les habitants à briser et à enlever deux fois les scellés qui y furent apposés, mais aucun d'eux ne voulut jamais divulguer le nom des coupables.

Entre 1180 et 1200, Roger de Tosny avait donné à cette église dix sous de rente sur les étaux ou sur la prévôté de la Ferrière-sur-Risle.

Il y a trois ans, un éboulement s'étant produit au milieu de la rue des Tanneries, lorsque des ouvriers y étaient occupés, on a découvert un souterrain se dirigeant à l'ouest vers la maison du sieur Marais, grainetier. Les voûtes en plein cintre étaient formées de pierre blanche de petit appareil. De deux en deux mètres, des niches de un mètre de profondeur étaient placées de chaque côté de ce couloir probablement très-ancien puisque l'existence de cette rue remonte à une époque reculée.

CHAPITRE XIII

Paroisse du Val (Notre-Dame)

Les terres situées à l'extrémité de la paroisse de Saint-Étienne ayant appartenu à l'abbaye, ceux qui les fieffèrent furent obligés de se rendre paroissiens du monastère où il y avait une chapelle qui leur était spécialement destinée. Au commencement du XIIIᵉ siècle, les moines fatigués de cette communauté, firent bâtir une petite église à l'entrée du faubourg du Val; Luc, évêque d'Evreux, en fit la dédicace en 1210, elle fut alors érigée en paroisse. Les vestiges de la construction actuelle ne remontent qu'à la première moitié du XVIᵉ siècle.

Cette église avait exactement la même orientation que celle de Sainte-Foy. L'entrée principale donnait sur la grande rue aujourd'hui route du Neubourg. La tour était carrée et très-basse; mais comme cet édifice se trouvait en contre-bas, il fallait descendre plusieurs marches pour y entrer. Elle avait deux petits autels dédiés l'un à saint Louis et l'autre à sainte Anne. Ses stalles magnifiques, du temps de François Iᵉʳ, ont été transportées à la Révolution dans l'église du Plessis-Mahiet.

Le tableau du maître-autel, représentant Notre-Dame-de-Pitié, fut peint par le chevalier Sixte, peintre du duc de Bouillon; on le voit aujourd'hui dans l'église de Barc. La grille et le lutrin, remarquables par leur travail, avaient été donnés dans le siècle dernier, par le curé Leroy.

Dans cette église, se trouvait une chapelle occupée par les frères de charité et ornée d'un magnifique vitrail donné par cette confrérie. La Charité du Val était tenue d'accompagner jusqu'à la chapelle de la Madeleine tous les pèlerins qui partaient de Conches pour aller en Terre-Sainte.

Dans la section de Valeuil, il existe un triage qui porte le nom de la Madeleine. C'était là qu'étaient construites la chapelle et la maladrerie de la Madeleine, détruites le 26 thermidor an II. En 1550, il avait été payé par le vicomte de Conches quatre livres trois sols tournois aux malades de la maladrerie. Un arrêt du conseil, en 1781, réunit à l'Hôtel-Dieu les biens et revenus de la Maladrerie et de la chapelle Sainte-Marie-Madeleine. Près de ces constructions on voit une mare qui s'appelle encore la Mare-aux-Malades.

La commune du Val, la plus importante en territoire, renfermait les triages suivants :

La Rue-du-Val.

Le Trou-Maha.

Le Petit-Parc. — Les promenades actuelles en faisaient autrefois partie; elles furent données à la ville par Napoléon 1er.

Le Grand-Parc.

Le Fief-du-Bostenney. — Ancien rendez-vous de chasse des ducs de Bouillon. Ce n'est qu'au XVIIIe siècle que ce fief a pris ce nom d'une famille de Bostenney qui vint y habiter. C'était le triage du Chêne-au-Loup. Tous les ans il se tient encore sur le parc, le jeudi de la Fête-Dieu, une assemblée qui porte le nom de la Chaîne-au-Loup, parce qu'elle avait lieu autrefois sous le Chêne-au-Loup. Un acte passé à la Ferrière, le mercredi 11 mai 1639, nous apprend que messire Antoine Thuillard, écuyer, sieur de Berville, lieutenant criminel à Conches, vendit. moyennant la somme de sept mille livres tournois, à messire Pierre Pigue, écuyer, sieur de Parfouche, demeurant en la paroisse de Saint-Lambert, le lieu ou enclos du Chêne-au-Loup, consistant en maisons, manoir, chapelle, grange, pressoir, écuries, galeries et autres édifices, plans, etc., d'une contenance de dix acres, clos de grilles et situés sur la paroisse de Notre-Dame-du-Val.

Le Chemin-de-Sainte-Marguerite.

La Forêt-de-Conches.

Les Clos-Brûlés.

Secuzanne. — Dans les anciens titres on trouve la Mare-Saucuzainne.

Valeuil autrefois *Valeil.* — Ancien fief de l'abbaye dont il est déjà question dans une charte du xiᵉ siècle. *Les Petits-Jardins* en faisaient partie.

Saint-Aubin. — Ancien fief où l'on remarque encore les restes d'une chapelle du xviᵉ siècle. On y trouve aussi beaucoup de tuiles romaines.

La Réserve. — Aujourd'hui détruite, mais où l'on voyait, il y a vingt ans, des arbres énormes plus de deux fois séculaires.

La Route-de-Damville.

La Brétèche (castella lignea) — On pense que cet endroit tire son nom des tours de bois construites avec les arbres qui y furent abattus.

La Mare-Sensuelle ou la Mare-du-Sang, ainsi appelée à cause de son voisinage avec les deux triages suivants.

La Justice. — Endroit très-élevé où avait lieu l'exécution des criminels après avoir été exposés sur la place publique de Conches. Une voie pavée y conduisait anciennement (1).

Les Fossés-Rouges. — Anciens fossés qui entouraient le lieu du supplice.

Les Gériots.

Le Chemin-du-Chantier. — C'est-à-dire le chemin qui conduisait au chantier où l'on apportait le bois pour le flottage.

Le Point-du-Jour. — Partie de terrain très-élevée sur la route d'Évreux.

Le Jardin-Creux.

Les Bergeries.

La Mesloterie. — Ancienne propriété d'un sieur Meslot.

Les Petits-Monts.

Les Fontaines.

Le Moulin-de-l'Abbé ou de l'Abbaye.

Le Potager. — Autrefois jardin de l'abbaye.

---

(1) Dans les archives de l'Eure relatives à Conches, on trouve : En 1557, Durand Convenant, exécuteur des sentences criminelles d'Evreux, reçoit sept livres dix sols pour avoir vaqué deux jours avec un homme de peine pour avoir fustigé nus de verges, par les carrefours de la ville de Conches, Blanchet, Auger et Gillet Martin.

Le 7 juillet 1557, Louis Lamoureux, charpentier, et Richard Heudeline, peintre, reçoivent quatre livres dix sols; Lamoureux pour avoir fait une potence et une échelle pour pendre et étrangler un nommé Jean Lesselin ; et Heudeline pour avoir fait un tableau de bois auquel des deux côtés était peint la figure de Jean de Beauvais et Etienne-Jacques Meslot, condamnés par autre sentence à être pendus et étranglés.

Ce même jour, vers le soir, Jean Lecomte, exécuteur des sentences criminelles de la vicomté de Beaumont, faisant sortir de la prison de Conches le nommé Jean Lesselin tête et pieds nus, avec l'aide de son homme de peine, il le conduit une torche à la main jusque devant l'église Sainte-Foy où il demande grâce en criant : Pardon à Dieu, pardon au roi et pardon à la justice. L'exécuteur s'emparant ensuite de son prisonnier, il lui coupe la langue, et le conduisant au lieu du supplice, précédé de son aide, il le suspend à la potence. Le lendemain, il descend le criminel et lui tranchant la tête, il l'attache au bout de la halle, tandis que le reste du corps est écartelé et chacun de ces morceaux est placé dans un des carrefours de la ville.

Goupigny. — Ce nom doit remonter à l'époque gallo-romaine et signifier le domaine de Gupinus (Gupiniacus), car l'on rencontre dans le voisinage beaucoup de vestiges romains.

La Pitoyère.

La Couture. — Champs en culture.

Le Bois-Danjou. — Ancienne propriété d'un sieur Danjou, vicomte de Conches.

Fontenelle. -- Son nom provient du grand nombre de petites fontaines qui naissent au pied de la côte. Il existait encore sur cette paroisse trois autres triages dont on retrouve les noms dans plusieurs titres du XVIIᵉ siècle, mais on ignore aujourd'hui l'emplacement qu'ils occupaient.

La Presche. — Probablement le lieu où se faisaient les prédications des huguenots.

Les Bullois.

Les Coiffetiers. — Ou résidence des perruquiers de cette époque.

CHAPITRE XIV

Paroisse du Vieux-Conches

Cette paroisse était peu considérable, fondée vers le commencement du xie siècle, par Roger Ier de Tosny, elle avait bientôt perdu de son importance par le départ de ce seigneur. Au sud et au pied même des fortifications élevées par Roger, une église avait été bâtie à mi-côte et placée sous l'invocation de saint Ouen.

La Révolution en réunissant cette paroisse avec celle de Conches détruisit la dernière église qui devait appartenir au xvie siècle. Le chœur était tourné à l'est, vers l'étang. L'entrée principale se trouvait à l'ouest et était surmontée d'un clocher très-aigu couvert en essente. La cloche dont on ne doit la conservation qu'à son petit volume est aujourd'hui à Faverolle-la-Campagne; elle porte l'inscription suivante :

Charles Gaudefroi de la Tour d'Auvergne Duc de Bouillon l'an 1753 j'ai été bénite par Me Louis Auvray curé des Vieux Conches et nommée Françoise par Me Guillaume Roussel lieu-

tenant criminel au bailliage de Conches et par Françoise de Soligny épouse de Guillaume Rotrou Conseiller du Roi Doyen des élus à Conches.

JACQUES-FRANÇOIS CRESTÉ ET FRANÇOIS BICOUVET, TRÉSORIERS.

JOSEPH-NICOLAS SIMONNOT M'A FAITE.

Cette paroisse s'étendait sur les triages suivants :

Le Vieux-Conches proprement dit.

Le Couloir (Vallon).

La Vallée-Dupuis.

Budée.

Saint-Ouen. — Ancien emplacement de l'église et des premières fortifications. Ce nom n'existe plus aujourd'hui et se trouve remplacé improprement par celui de la Balivière.

Le Coudray (château), appelé Saint-Marc au XVIIIe siècle du nom d'un des agents du duc de Bouillon. La construction actuelle qui date du temps de Henri IV appartenait aux seigneurs du Coudray qui y demeurèrent aux XVe, XVIe et XVIIe siècles. L'un de ces seigneurs est le donateur d'un des vitraux de l'église Sainte-Foy représentant le triomphe de la Vierge. Leurs armes étaient un champ d'argent au chevron de gueules accompagné de trois feuilles de coudrier de Sinople.

La Fenderie.

Le Pré-Bourbeux. — Ancien étang.

La Forge.

Les Vaugoins (fourneaux). *Vallis-Goyn,* mentionnée dans une charte de Lierru de 1276.

Le Goulot-Barbu.

La Bonde.

La Balivière. — Non loin de la route de Conches à la Ferrière-sur-Risle, il existait un fief de ce nom. La maison actuelle parait avoir été bâtie dans le xv⁰ siècle. On voit encore l'entrée d'un vaste souterrain qui s'étendait sous toute la construction, mais aujourd'hui comblé en grande partie.

La Couture.

La Forêt.

La Maison-Verte. — Ancienne maison de garde forestier peinte de cette couleur.

Carrefour de la Mare-des-Saules.

Vallée de la Maison-Verte.

Arcades Romanes de l'ancien Cloitre.
(Abbaye)

CHAPITRE XV

Abbaye

Bàtie par Roger de Tosny. dans le xi⁰ siècle, sous l'invocation de saint Pierre et saint Paul, dans un endroit appelé Châtillon, cette abbaye éprouva beaucoup de vicissitudes.

L'église à cette époque se composait d'une nef et de deux sous-ailes s'arrêtant au transept et d'un sanctuaire étroit terminé par un mur droit au chevet de l'édifice. Cette disposition simple et sévère ne manquait pas d'ornementation, comme on peut encore en juger par un mur latéral au nord de l'édifice dans lequel on voit un portique de cette époque et par quelques chapiteaux qui ont dû appartenir à la nef. On prétend que Raoul de Cierrey, évêque d'Évreux, fit la dédicace de cette primitive église en 1219.

Vers l'an 1300, Amicie de Courtenay et son fils Philippe d'Artois, firent édifier au transept un magnifique clocher et reconstruire entièrement le mur latéral au sud, comme l'attestaient les ambàses des piliers placés le long de ce mur et portant seuls le caractère de cette époque. Quelques chapiteaux trouvés dans les décombres viennent encore appuyer cette assertion.

En 1343, Robert d'Artois étant venu de nuit, accompagné de soldats anglais, mit le feu au manoir abbatial ; les flammes ayant gagné la couverture de l'église et le clocher, la plus grande partie des bâtiments furent détruits. Les religieux, privés de leur habitation, vinrent s'établir dans une maison de la ville qui porta depuis le nom de Petite-Abbaye. On voyait encore dans le siècle dernier une croix en fer sur la toiture de cette maison.

Pour réparer ce désastre, Charles V avant de mourir avait marqué un fonds à prendre sur son duché de Normandie pour rebâtir l'abbaye de Conches. Peu de temps après la mort de ce roi, l'abbé Richard Hidulphe entreprit, en 1381, la reconstruction du monastère avec cet argent et les secours de plusieurs personnes et entr'autres du sire de Fourneaux, écuyer de Duguesclin, nommé Pierre Fournet dans les mémoires du célèbre Connétable.

Cependant une grande partie de l'église avait résisté au désastre, la nef, les sous-ailes et même les piliers du chœur devaient être restés intacts, les voûtes seules avaient dû souffrir.

Cet abbé fit entourer le chœur de six chapelles et d'une mère-Dieu qu'il fit décorer avec une grande munificence, si l'on en juge par la grande quantité de pavés émaillés et par quelques chapiteaux couverts de dorure et des couleurs les plus éclatantes que nous y avons retrouvés.

Il paraît que l'idée de cet abbé était de couronner son œuvre par un superbe clocher, mais l'argent lui ayant manqué, il fut forcé de s'arrêter dans son entreprise. Quelques années plus tard (1390) il fut dépossédé sous l'accusation de dilapidation et renvoyé du monastère.

Crypte ou Chapelle Souterraine de St. Clair.

(Église de l'Abbaye, douzième siècle)

Bernard Cariti, évêque d'Évreux, vint au mois de mars 1383 consacrer la nouvelle église ; le sire de Brucourt était alors capitaine du château de Conches.

Le cloître, dont les quelques débris vont bientôt disparaître, dût être construit vers le commencement du xvᵉ siècle ; on ignore le nom de l'abbé auquel on est redevable de cette œuvre d'art. (Plus heureux que nous, nos successeurs en fouillant plus tard dans les ruines de l'édifice moderne, trouveront une plaque de bronze sur laquelle sont gravés les noms des membres de la commission de la nouvelle maison de santé, mais ce qu'ils ne sauront pas et qu'il serait utile de leur apprendre, c'est que la dépense de cette inscription a été prélevée sur les fonds de cet établissement.)

En 1507, Jean de Perrois, noble normand, fit faire d'importantes réparations au monastère. Lorsque les ligueurs s'emparèrent de la ville en 1590, l'abbaye eut beaucoup à souffrir et ne se releva que plus tard de ses ruines. Le sanctuaire fut alors orné et décoré suivant le goût du temps, Lebrasseur se plaint peut-être avec raison de sa disposition théâtrale. Une résurrection en terre cuite d'un assez beau dessin et dont les fragments se voient encore dans une propriété particulière, était placée dans une niche au-dessus de l'autel.

Sous une des chapelles de l'église du côté du sud, on avait construit une crypte ou chapelle souterraine, sous l'invocation de saint Clair, à l'époque de la première construction. Nous sommes portés à croire qu'on a dû inhumer dans cette crypte dont le sol paraît avoir été remué plusieurs fois. Une peinture murale de la renaissance décorait le chevet de cette chapelle que les moines, pour cause d'humidité, avaient fait remplir au xviiiᵉ siècle jusqu'à la hauteur de ses chapiteaux romans.

Le 15 mai 1791, les paroissiens réunis de Sainte-Foy, Saint-Etienne, du Vieux-Conches et de Notre-dame-du-Val eurent à se prononcer sur le choix à faire entre l'église abbatiale et l'église paroissiale de Sainte-Foy. Après de grands débats et une énergique protestation des habitants du Val, l'église Sainte-Foy fut adoptée et la vieille église de l'abbaye abandonnée aux démolisseurs. Les dalles tumulaires des anciens seigneurs furent enlevées et employées au pavage d'un corps-de-garde.

La maison abbatiale était autrefois construite sur ces murailles appuyées de contreforts que l'on voit dans l'ancienne route du Val ; elle fut démolie à la Révolution pour donner passage à la route actuelle du Neubourg.

V. NORMAND
d'après nature.

Lith Léon Gentilhomme à Bernay.

Ancienne Piscine de l'Abbaye.
(État actuel.)

CHAPITRE XVI

Chapelles du château

Il existait dans le château deux chapelles, l'une de Saint-Martin et l'autre de Saint-Hilaire fondées, dit-on, par Mathilde, fille de Raoul IV. L'abbé Richard paraît en avoir été le premier chapelain.

Le 24 juillet 1396, Jehan Dubus, vicomte et receveur de Conches, paie sept livres deux sols dix deniers tournois pour la dîme de la forêt due au chapelain de la chapelle Saint-Hilaire.

Martin Broc, chapelain du château, reçoit quinze livres tournois par an en 1557.

Dernièrement, on a recueilli dans le vieux château, au milieu des décombres, un sceau en bronze du moyen âge qui paraît avoir appartenu à un des curés de cette chapelle. Sur le champ était un chevron avec deux initiales gothiques M et G en chef et un calice en pointe. Ces mêmes armoiries se retrouvant peintes dans l'église de Portes, il est probable que cet abbé fut autrefois desservant de cette commune.

Les curés de Sainte-Foy, du Val, de Saint-Etienne, etc., avaient le droit de percevoir chaque année leur chauffage dans la forêt, mais à la charge d'assister aux messes qui se disaient dans la chapelle du château. Après la destruction de cette chapelle, les messes furent célébrées dans l'église Sainte-Foy.

CHAPITRE XVII

Collége

Par acte passé devant les notaires de Conches, le 22 octobre 1552, Jean Levavasseur, abbé du monastère de Conches, acquit une place et héritage dans la paroisse de Notre-Dame-du-Val, proche son abbaye. Il fit construire plusieurs bâtiments qu'il donna, céda, quitta, aumosna et délaissa irrévocablement et à toujours à la république de la ville, faubourgs de Conches et des environs, pour servir à tenir école ou collége pour l'instruction des enfants de ladite ville, faubourgs et environs et pour être tenus, occupés, possédés et en jouir à perpétuité par lesdits enfants et leurs précepteurs ou régents. Ils seront nommés, pourvus et présentés par ledit sieur abbé et par ses successeurs abbés dudit lieu patrons d'icelle école; desquels bâtiments, partie destinée pour tenir les écoles ou collége par chaque classe différente, autre partie avec la cave et le jardin pour le logement des précepteurs ou régents et le surplus ou restant desdits bâtiments pour être donné à titre de loyer par les prieur et

religieux de ladite abbaye. Les deniers provenant desdits loyers
être par eux employés aux réparations et entretien desdites
écoles, maison et jardin et en éviter la ruine ou décadence.
(Extrait de l'acte de fondation.)

Cette fondation subsistait encore à la Révolution, et nous
voyons que pendant la Terreur la municipalité y nomma insti-
tuteur le citoyen Coimet. Plus tard, le gouvernement, sous Napoléon Ier en disposa pour son usage, mais, la ville réclama et l'on
prétend que l'État, faisant droit à cette réclamation, n'accorda pas
le collège, mais donna en échange les promenades appelées le
Parc. On ne fit aucun acte de cette donation ; aussi sous la
Restauration, les princes de Bouillon, rentrés en possession des
biens que l'État n'avait pas vendus, réclamèrent ce terrain.
A force de suppliques, ils en laissèrent la jouissance jusqu'en
1840, où un procès désastreux pour la ville faillit lui en enlever
la plus belle partie.

CHAPITRE XVIII

Élection

Après la conquête de la Normandie, en 911, Rollon avait créé l'échiquier qui était chargé de rendre la justice. Ce parlement, dont le siége était fixé au gré du prince, se tenait deux fois par an, tantôt à Rouen et tantôt à Caen ou à Falaise. Il révisait les sentences des baillis et des vicomtes qui commettaient souvent des abus en rendant la justice.

La Normandie était alors divisée en sept bailliages, Conches dépendait de celui d'Évreux. Le premier bailli dont on a conservé le nom à Conches était Jean de Bosgruel ; Jean Resque en 1253, Pierre Le Bonnier, et Hugues, clerc du seigneur en 1265, Eustache de Tollí, chevalier, en 1288, lui succédèrent dans ces fonctions.

Philippe-Auguste, en 1204, disposant du domaine de Conches en faveur de Robert de Courtenay, son cousin-germain, avait érigé ce domaine en comté et lui avait accordé de tenir un échiquier ou bien des grands jours pour les terres et seigneuries de ce comté.

Ce droit subsista jusqu'en 1337, époque à laquelle ce domaine fut confisqué par Philippe VI sur Robert d'Artois. Aussi nous voyons en 1244, le premier mercredi après la Circoncision, une cour de justice ou échiquier tenu à Conches et présidé par Robert du Fay ainsi qu'en 1246, 1247 et 1248; le greffier était alors Roger, curé de Beaubray, tandis qu'en 1249 cet échiquier avait pour président messire du Boulay, homme d'armes.

L'endroit où siégeait ce tribunal porte encore aujourd'hui le nom significatif de *Cour-Souveraine*. En 1456, la masure où étaient la cour et l'auditoire de Conches, était fieffée à Jehan Deshayes, moyennant vingt livres tournois.

Charles VII, en établissant la cour des généraux vers le milieu du XVe siècle, avait créé les élections de Normandie qui en étaient dépendants. Malgré cela, l'élection de Conches ne date que du règne de François Ier, ainsi que le grenier au sel dont l'institution remonte à Philippe VI. La gabelle fut supprimée le 3 mai 1790.

Conches avec Breteuil ne formaient qu'une seule vicomté renfermant ensemble dix sergenteries dont la juridiction s'étendait sur cent trente paroisses. La sergenterie de Conches en renfermait deux. Il y avait dans cette ville, un lieutenant général et un lieutenant particulier qui rendaient la justice de six en six semaines.

Après la réunion de la Normandie à la couronne en 1469, Louis XII, par un édit, supprima l'échiquier en 1499 et érigea la cour du parlement de Rouen.

Le bailliage et la vicomté de Conches ressortissaient au présidial d'Évreux créé par Henri II, au mois de juin 1551.

Robert Aubert, procureur du roi, reçoit pour ses gages vingt-quatre livres tournois en 1557.

Guillaume Langlois, avocat du roi et Jehan Roussel, geôlier et garde des prisons du château de Conches, reçoivent chacun dix livres tournois pour leur traitement.

Il y avait aussi une maîtrise des eaux et forêts et l'élection comprenait au xviiie siècle cent soixante-deux paroisses et relevait de la généralité d'Alençon.

Vue du Donjon de Conches.
(État actuel.)

CHAPITRE XIX

Fortifications

Après la donation de Rollon, Raoul Ier de Tosny était venu prendre possession de son nouveau domaine au commencement du xie siècle. On ignore les motifs qui l'engagèrent à laisser Castillon pour aller fixer sa résidence au Vieux-Conches. Vers 1004, il fit établir une forteresse sur le haut de la côte avec une double rangée de fossés très-profonds et entourer de murailles ; on en voit aujourd'hui les restes sur la section de la Balivière. A la mort de Raoul, son fils Roger Ier fonda à Castillon, vers 1035, une abbaye de l'ordre de Saint-Benoît, et abandonnant son ancienne demeure, il vint s'établir lui-même sur l'emplacement actuel de la ville. Après avoir fait construire sur le bord de la colline une tour ou donjon et un château, il les environna d'épais remparts flanqués de tours carrées ; telle fut la première enceinte de la ville de Conches.

Ce donjon, ainsi que nous le voyons aujourd'hui, était une superbe construction du xie siècle, mais il ne nous est arrivé

que mutilé et à l'état de ruines. Les immenses fossés qui l'entouraient sont à moitié remplis; l'enceinte bastionnée qui formait
sa ceinture de défense est démantelée et a totalement disparu
du côté de la vallée. Ce que nous pouvons encore voir de sa construction primitive n'a subi aucun changement dans les temps
passés, ces murs épais de deux mètres soixante centimètres
étaient plutôt destinés à une éternelle solidité qu'à une défense
à toute épreuve; car ces hautes et larges fenêtres à plein cintre
laissant passer l'air et la lumière avec abondance, si ces plan-
chers étaient rétablis, sa position élevée dominant sur toute la
ville en ferait une charmante habitation. (Voir planche II fig. 1,
une vue de ce château d'après un ancien dessin du xviiie siècle.)

On y compte encore trois étages, mais les anciens prétendent
qu'autrefois il était beaucoup plus élevé; il se terminait par une
plate-forme que supportait une charpente en bois de très-forte
dimension, et sur cette plate-forme était un bâtiment d'habitation appelé le Hours. Le toit était conique et surmonté d'un bel
épi en terre cuite représentant des figures d'oiseaux et d'ani-
maux. Le rez-de-chaussée n'avait de lumière que par la porte,
il était voûté en croisée d'ogives avec un pilier central et devait
servir de magasin pour les objets les plus précieux. L'accès du
premier étage devait avoir lieu à l'extérieur par la fenêtre du
nord auprès de laquelle un puits pratiqué dans l'épaisseur du
mur servait à y fournir de l'eau; il fut vidé en 1849, mais on n'y
trouva que des boulets en pierre et beaucoup de pavés émaillés,
ce qui nous fait supposer que les appartements de ce donjon
étaient décorés avec tout le luxe de l'époque. Le plancher était
en bois et l'escalier qui conduisait au deuxième étage était mé-
nagé dans l'épaisseur du mur du côté de la vallée, ses marches
partaient de la fenêtre ou porte dont il vient d'être question; nous

A Donjon.
B Puits du Donjon.
C Escalier du 1er au second.
D Entrée du Donjon au rez-de-chaussée.
E Arceaux de la voute du rez-de-chaussée.
F Fenêtre donnant accès dans l'escalier au 1er.
G Fenêtre d'arrivée de l'escalier au second.
H Bastion où fut trouvé le sceau d'un des anciens Baillis.
I Entrée du côté du Château.
J Ancienne Tourelle.
K Où était l'entrée du côté de la Sarenne.
L Bastion en partie reconstruit.
M Muraille ou rempart de la grande enceinte.
N Couloir pour entrer dans la tour au cadal.
O Fenêtre éclairant l'étage inférieur.
P Escalier d'accès pour l'étage inférieur.
Q Tour au cadal ou au captal.
R Cheminée de la tour au captal.
S Appartement dont parle Thomas Guillout
T Contreforts et murs de consolidation construits avec la
   tour au captal.
U Poterne de la Sarenne.
V Talus de consolidation faits en même temps que la
   tour au captal.

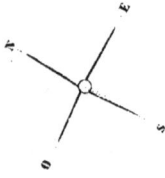

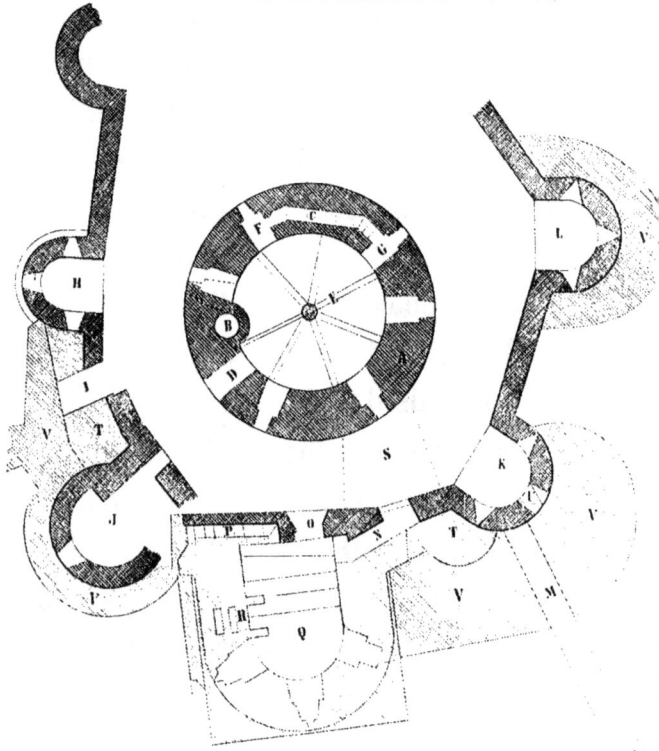

Parties qui appartiennent au plan primitif.

Parties de construction plus récente.

Échelle de 5mm pour mètre.

Plan du Donjon actuel et de ses Dépendances 1865

pensons qu'on avait ainsi voulu conserver intacte toute l'étendue
de ce premier étage en utilisant le côté du donjon le moins
accessible à l'ennemi. Les murs à l'intérieur comme à l'extérieur, ainsi que les embrasures des fenêtres étaient enduits d'une
couche de mortier mélangé de chaux et de sable, afin de donner
une apparence plus noble à cette construction en silex. Cet en-
duit n'est conservé que sous le vieux lierre qui embrasse depuis
des siècles plus de la moitié de sa circonférence, ainsi qu'on a
pu le voir depuis qu'une partie de ses rameaux tombant de vé-
tusté s'est détachée du mur il y a deux ans. Un mémoire de maçonnerie d'un nommé Thomas Guilbout nous parle de réparations faites à la tourelle et à la cheminée du donjon, mais les
traces de l'une et de l'autre ont entièrement disparu ; cependant
lorsque l'on fit les petits chemins d'accès à l'extérieur, on trouva
du côté du nord des massifs de maçonnerie en tuiles dont un
côté était noirci par la suie. (Voir planche 1 le plan actuel du
donjon.)

Pour la défense de cette habitation, on avait fait une ceinture
de remparts reliés de six en six mètres par sept bastions de chacun huit mètres cinquante centimètres de circonférence. Ces
divers travaux ont beaucoup souffert pendant les guerres et furent plusieurs fois renversés et reconstruits, une seule des constructions primitives est parvenue jusqu'à nous, mais la partie
inférieure est encore seule existante. L'administration munici-
pale fit déblayer, l'hiver dernier, l'intérieur de ce curieux spé-
cimen de ces premières constructions, et l'on découvrit trois
grandes ouvertures qui étaient murées. Il eut été curieux de
connaître leurs dispositions puisqu'elles ont évidemment précédé
l'artillerie, mais on craignit d'en compromettre la solidité en les
débouchant. Ces murs en silex, bien appareillés avec un mortier

solide, n'ont environ qu'un mètre d'épaisseur. Il est à remarquer que ces bastions s'enfonçaient dans le sol du mamelon sans talus et que la terre était soigneusement tassée contre les fondations. A côté de ce bastion situé au nord était un pont-levis qui conduisait aux bâtiments du château dont les chambres supérieures seules communiquaient à cause de son élévation au-dessus de la cour. De l'autre côté de ce pont, était un second bastion qui fut consolidé à sa base par un fort talus et reconstruit dans sa partie supérieure.

La Tour-au-Cadal venait ensuite. Une vieille tradition populaire en attribue la construction aux Anglais, mais on suppose de nos jours que son nom de Cadal lui provient du Captal de Buch, célèbre lieutenant de Charles-le-Mauvais. Elle fut construite avec un soin extrême sous le rapport de la solidité; ce fut pour ainsi dire un second donjon annexé au premier. Ses murs aussi épais paraissent mieux appareillés et son étendue, sans être aussi considérable, avait plus de huit mètres dans un sens et quatre mètres quarante centimètres dans l'autre. Intérieurement cette tour était composée de trois étages; au bas se trouvait une cave sans fenêtre où l'on avait accès par un escalier très-étroit pris dans l'épaisseur du mur de côté de l'est. La chambre supérieure était éclairée bien faiblement par trois étroites meurtrières dont celle du nord-ouest fut agrandie par Thomas Guilbout. Ces ouvertures s'élargissaient considérablement à l'intérieur et se terminaient à l'extérieur par une fissure de sept ou huit centimètres de largeur sur un mètre douze centimètres de hauteur. A quarante-cinq centimètres environ d'élévation, l'ouverture se trouvait augmentée et pouvait avoir vingt-cinq centimètres de large, c'était la place de la pièce. Dans ces embrasures, il existait deux feuillures en avant l'une de l'autre.

mais il est incontestable que celle du fond servit à retenir un châssis vitré que l'on enlevait en temps de guerre pour y mettre les canons. Cette chambre qui fut habitée par plusieurs gouverneurs du château existe encore, elle était accessible par un couloir opposé à l'entrée de la cave. Dans le mémoire déjà cité, on trouve des réparations à l'âtre de la cheminée du premier et du second étage ; cette cheminée construite en tuiles et en pierre avait deux conduits pour les deux chambres qu'elle desservait et dominait la tour d'une assez grande hauteur ; elle fut abattue le 10 mars 1842 par l'ouragan qui renversa le clocher de Sainte-Foy. Curieuse comme renseignement, elle indiquait sur son flanc , par les arrachements de la maçonnerie , la hauteur du second étage et la disposition du toit par la ligne oblique qui, étant prolongée jusqu'au milieu de la tour, donnait une grande élévation conique à la couverture. Un escalier, pratiqué à l'intérieur de cette chambre du côté de l'est conduisait au deuxième étage, mais les murs n'avaient plus que soixante centimètres d'épaisseur, ce qui donnait à cet appartement une augmentation de plus de deux mètres de largeur sur tous les sens. Rien n'indique maintenant la forme des fenêtres de cet étage, il ne reste plus que quelques fragments de ces murs qui furent abattus en 1817 pour construire les prisons ; les maçons voulurent, dit-on, faire tomber la cheminée, mais M. Defougy intervint pour les arrêter dans leurs ravages.

On raconte aussi qu'au siècle dernier, des pauvres gens, comme il y en avait beaucoup à Conches à cette époque, avaient établi domicile dans cette tour, lorsqu'aux fêtes de Noël ou des Rois le feu prit à la cheminée et se communiqua au comble de l'édifice. A partir de ce jour le dernier reste du vieux château fut réduit à l'état de ruines ; des lierres énormes. depuis trente ans environ ont envahi tout son extérieur et cachent aux yeux les chaînes en pierre qui encadrent les meurtrières de la manière la plus pittoresque, et le soin qu'on avait pris des appareils surtout dans la transition de sa base qui est carrée aux étages supérieurs qui sont circulaires.

De l'autre côté de la Tour-au-Cadal se trouve le bastion où était la poterne qui communiquait sur le rempart pour aller à un pont-levis qui donnait accès sur la garenne et au jardin du château (1). On remarque dans ce bastion ainsi que dans le suivant deux ou trois grandes réparations, nous supposons que lors de la construction de la Tour-au-Cadal on les consolida par d'énormes talus; plus tard on les refit en partie avec d'autres appareils dans lesquels on pratiqua de nouvelles meurtrières qui furent évidemment appropriées à l'artillerie. Dans tous ces bastions, il y avait des visières ou trous carrés de chaque côté des meurtrières.

Nous pensions depuis longtemps qu'il devait y avoir des constructions entre tous les ouvrages avancés et le donjon, c'est ce que le mémoire de Thomas Guilbout est venu confirmer en disant qu'il a réparé la salle située entre le donjon et la Tour-au-Cadal. Ces habitations devaient se trouver de préférence contre les parties droites qui reliaient les bastions; la grande quantité d'objets qu'on trouva en fouillant dans cet espace fait supposer avec raison que ces constructions ont dû être détruites dans un moment de guerre.

Nous ne pouvons parler des autres constructions qui se trouvaient dans cette première enceinte, aucune autre que la porte

1) Ce pont-levis était défendu par deux meurtrières pratiquées dans les murailles d'une petite construction placée sur ce rempart.

d'entrée n'a conservé de caractère ancien ; il est évident que cette porte est postérieure au donjon, car son ogive en tiers-point a bien la figure du xiiie siècle. Avant 1852, une galerie assez ancienne, mais sans caractère bien prononcé, y faisait retour et s'avançait devant une chambre où les solives étaient toutes fleuronnées et ornées des croissants de Henri II (1). D'après une tradition populaire, ce roi aurait couché dans cette chambre, mais ce qui est plus certain, c'est qu'il est venu au manoir de Quénet rendre visite à Adrien Quesnel, le premier abbé commandataire de l'abbaye de Conches. (Voir planche III.)

La plupart des terrasses qui s'étagent en amphithéâtre sur la côte étaient des bâtiments d'habitation et il existait autrefois une vaste construction au-dessus des souterrains. Ces caveaux, en forme de croix, ont une étendue de vingt-trois mètres de longueur et en mesurent autant sur le travers, mais rien ne les protége aujourd'hui contre l'humidité. Cependant la partie, à gauche en descendant, qui a servi de prison est encore très-sèche ; à son extrémité se trouve un soupirail magnifiquement construit, de neuf à dix mètres de hauteur ; il s'élargit en descendant par des retraites en plein cintre, et nous croyons en voyant ces cintres que cette construction doit être postérieure au xiiie siècle. Les parois des murs de cette partie des souterrains sont couverts de dessins, d'inscriptions comme en font les prisonniers et l'on y remarque la date de 1444 et la signature de Jehan Aubin gravée à plusieurs endroits. Il est probable qu'il existait entre les fossés du donjon et l'entrée de ces caveaux un bâtiment renfermant

---

(1) L'escalier de la mairie occupe aujourd'hui cet emplacement, et sous cette chambre il existait d'énormes cachots en bois dont les débris ont servi pour l'intérieur des prisons actuelles ; dans les fondations on a recueilli plusieurs tuiles romaines.

une sorte de tribunal où l'on jugeait les coupables qui, après leur condamnation, étaient descendus dans cette prison par le soupirail dont il vient d'être question.

Les murailles de la primitive enceinte ne sont intactes que derrière les bâtiments des prisons actuelles, elles devaient être renforcées de distance en distance par des tours carrées; on en voit encore une assez bien conservée chez M. Vannier, épicier, et une autre sur la côte. On remarque aussi au mur de l'ancienne audience, du côté des cours des prisons, deux ouvertures aujourd'hui bouchées dont la plus grande pouvait laisser passer un chariot et l'autre plus petite était destinée aux piétons.

Ce mur servait donc autrefois de séparation dans l'enclos fortifié; quoiqu'il en soit on ne peut rien reconstituer d'une époque aussi reculée; seulement en fouillant le sol dans cette enceinte, on retrouve à une grande profondeur des traces de constructions et beaucoup de charbons, mais l'on ignore aujourd'hui l'emplacement que devait occuper la chapelle consacrée à saint Martin et à saint Hilaire.

La population trouvant un abri contre les ravages occasionnés par les guerres s'agglomèra bientôt dans cette petite enceinte; elle augmenta si rapidement que la voie romaine allant de Dreux à Lillebonne et passant près du château (ce qui forme aujourd'hui la Grande-Rue) fut garnie de maisons ou cabanes couvertes en chaume. Roger III forma alors le dessein de protéger ces habitants par une nouvelle enceinte qui devait renfermer toute cette voie dans un espace assez considérable de chaque côté pour que l'on puisse y avoir cour et jardin. Cette dernière ligne de fortifications est parvenue jusqu'à nous et nous pouvons juger de l'importance de ces travaux encore intacts au commencement de ce siècle.

Lith. Jean Gentilhomme, à Bernay.

Ancien Nid d'Aronde sur les Remparts de la Ville.

Ces remparts comme étendue étaient peu de chose, mais comme défense c'était formidable. Il faut considérer que ces murailles avaient de trois à quatre mètres d'épaisseur sur une hauteur de quatre mètres et qu'à leur sommet régnait un mur de cinquante centimètres de largeur sur deux mètres d'élévation percé de visières assez rapprochées les unes des autres. Des fossés de vingt mètres de large sur dix mètres de profondeur environnaient le pied de ces remparts du côté du parc, et des nids d'aronde permettaient aux sentinelles de s'avancer sur ces fossés et de plonger leurs regards à l'extérieur. Nous avons vu de ces nids d'aronde, d'abord derrière l'auberge de la Croix-Blanche, un autre vers le grenier au sel, puis enfin celui de la maison Lecointe, du côté de la prairie, où il existe encore dans toute son intégrité.

Il y avait derrière le grenier au sel et la maison de M. Duhamel, serrurier (1), des meurtrières en entonnoir à l'intérieur comme à l'extérieur avec un orifice d'environ vingt centimètres carrés et surmontées d'un cintre surbaissé. Ces remparts étaient percés de plusieurs petites portes appelées poternes; elles étaient placées l'une derrière la maison Guérin, l'autre à la rue de l'Hôtel-Dieu aujourd'hui rue Neuve, une autre à la maison Peltier et enfin une dernière dans la cour du grenier au sel. Ces poternes murées en temps de guerre servaient à la circulation des habitants en temps de paix; il est probable que toutes avaient une ruelle aboutissant à la Grande-Rue. Celle de la maison Guérin se trouvait en face la rue du Vieux-Château et servait évidemment aux gens de cette maison pour aller dans le parc. Ce passage, longtemps public, fut supprimé au siècle der-

(1) Cette maison était, au xv° siècle, la demeure des seigneurs de Fourneaux.

nier par les Danjou, derniers vicomtes d eConches, qui placèrent à son entrée une grande porte sur laquelle ils construisirent un bâtiment.

Les portes de la ville avaient une certaine importance et nous possédons un dessin bien complet de celle d'en haut ; elle était défendue par deux tours. A l'extérieur on voyait les rainures où étaient les leviers du pont-levis et au-dessus de cette porte se trouvait une sculpture à peu près fruste qui représentait des armoiries, probablement celles de la ville. Les tours descendaient en talus dans le fossé et sous chacune d'elles était une cave en pierre de taille de bel appareil artistement voûtée en coupole mi-sphérique. Au-dessus de ces caves était un appartement avec trois meurtrières en entonnoir comme celles que nous avons mentionnées plus haut ; dans l'étage supérieur il en existait trois autres dans le genre de celles de la Tour-au-Cadal. Le dernier étage était éclairé par de petites fenêtres carrées, la lucarne du milieu avait une fleur de lys pour couronnement et le tout était surmonté d'une toiture conique couverte d'ardoises avec girouette et épis de plomb d'un travail élégant.

Au-dessus de cette porte, peinte en jaune, une vaste chambre avec cheminée à l'orient recevait la lumière de fenêtres geminées qui donnaient sur la rue Sainte-Foy, elles avaient le caractère du xiiie siècle. Entre ces deux fenêtres était un panneau sur lequel on avait placé un saint Sébastien en mémoire de ce qu'au xviie siècle il avait délivré le pays de la peste à la suite d'un pèlerinage en son honneur.

Cette grande porte était accompagnée de chaque côté d'une petite poterne qui devait communiquer avec les tourelles ; deux lignes obliques indiquaient l'emplacement de deux petits bâtiments adaptés de chaque côté au moment de la construction de cette porte. Au siècle dernier, la grande chambre et ces deux tourelles étaient louées au profit des sires de Bouillon, et les greniers servaient à renfermer du foin.

Nous n'avons trouvé qu'un simple croquis de la porte d'en bas, il nous indique qu'il y avait trois portes, une grande pour le passage des voitures et deux petites pour les gens à pied. (Voir planche II, fig. 2.)

On présume qu'elle devait avoir à peu près la même disposition que celle d'en haut, mais les anciens prétendent qu'elle était moins considérable ; un Thomas Bauniez en était encore portier dans le XVIIe siècle. Cette porte devait être d'un accès difficile à cause de l'inclinaison rapide du terrain, c'est là que finissaient les fossés qui protégeaient les remparts du côté du parc, car il n'en existait pas du côté de de la vallée. On a long-temps appelé *Trou-Maha* cette terminaison des fossés, nous ignorons l'étymologie de ce nom.

Ce n'est qu'en 1862 que M. Guillot a fait démolir les remparts du grenier au sel, ils avaient bien conservé leur ancienne disposition ; au sommet un mur d'environ soixante centimètres d'épaisseur percé de visières protégeait les défenseurs. Un étroit chemin de ronde longeait ce mur jusqu'à la poterne, mais là les fondations se trouvent à plus de trois mètres au-dessus du sol, ce qui prouve qu'ici comme du côté de la vallée l'inclinaison du terrain commençait au pied des remparts. Ces portes furent vendues en 1782 à un nommé Lechartier-Lalondel, architecte, moyennant huit cents livres, celle d'en haut six cents livres et celle d'en bas deux cents livres, ce qui vient à l'appui de ce que nous avons dit plus haut. Leur démolition fut nécessitée par l'élargissement de la rue, par suite du passage de la route de Rouen au Mans.

La stratégie militaire du temps n'a jamais reconnu d'autre côté vulnérable que celui du sud-ouest. On ne retrouve comme travaux d'attaque que les immenses fossés qui s'étendaient en différents angles depuis la porte d'en haut jusqu'à l'ancien camp romain. On a pensé longtemps que ce camp lui-même faisait partie de ces travaux, mais par l'examen, il est facile de reconnaître que les fossés creusés dans les guerres du moyen âge étaient bien plus considérables et que la terre était toujours rejetée du côté de la ville. Ces tranchées n'existent plus que dans la forêt, on peut encore juger de leur importance quoiqu'elles soient complètement remplies sur les promenades, cependant on en retrouve des portions dans les propriétés de MM. Poisson, Préaux et Duval.

Il existe encore une porte du xiiie siècle derrière l'ancien cabaret de la Croix-de-Fer, c'est un objet intéressant comme souvenir de l'immense enclos du Grand-Parc. Cette enceinte qui passait par le Vieux-Conches, Saint-Calais, le Mesnil-Vicomte, revenait par le cimetière jusqu'à la Planche-du-Rouloir où elle remontait la côte et se joignait aux remparts vers l'hôtel de la Croix-Blanche. Ces murs en silex, qui avaient deux mètres soixante centimètres d'élévation et soixante-dix centimètres d'épaisseur sont encore visibles dans plusieurs endroits et notamment à Saint-Calais, au Mesnil-Vicomte et vers la route du Neubourg.

CHAPITRE XX

Extrait des registres de d'Hozier, établis par ordre de Louis XIV.

VILLE DE CONCHES

Boulangers — De gueule à une pelle de four d'argent posée en pal chargée de trois pains de gueules.

Bourreliers. — D'or à un collier de cheval de gueules

Toiliers. — D'azur à deux fasces d'argent.

Tailleurs. — D'azur à des ciseaux d'or ouverts en sautoir.

Chirurgiens. — D'argent à une bande de gueule chargée d'un clou d'or.

Pâtissiers. — De sinople à une fasce d'or chargée d'une baïonnette de sable.

Drapiers, tanneurs et mégissiers. — De gueules à une toison d'argent étendue en fasce.

Ciriers et chandeliers. — D'azur à des balances d'or surmontées de deux paquets de cierges d'argent.

CONCHES ET LA FERRIÈRE

Maçons. — D'azur à une truelle d'argent emmanchée d'or.

Charpentiers. — D'azur à un rabot d'or posé en fasce.

Cloutiers. — D'or à un marteau de sable accosté de deux clous de même.

Aléniers. — De sable à trois alènes d'argent emmanchées d'or posées en pal 2 et 1.

Merciers grossiers. — D'azur à une demi-aune d'argent posée en fasce alezée et marquée de sable.

Maréchaux. — D'argent à un marteau de sable accosté de deux fers de cheval de même.

Savetiers. — De gueules à un tranchet d'argent emmanché d'or posé en bande.

Bonnetiers et chapeliers. — D'argent à un chapeau de sable accompagné de deux bonnets de gueules, deux en chef et un en pointe.

Armuriers et serruriers. — D'azur à un marteau d'or adextré d'une épée d'argent la pointe en bas et senestré d'une clef de même.

Menuisiers. — D'azur à un rabot posé en fasce d'or accompagné en chef d'un compas d'argent et en pointe d'un maillet de même.

Cordonniers. — De sable à un couteau d'or à pied d'argent emmanché d'or.

(Voir pour les armoiries des anciennes familles de Conches les planches V et VI.)

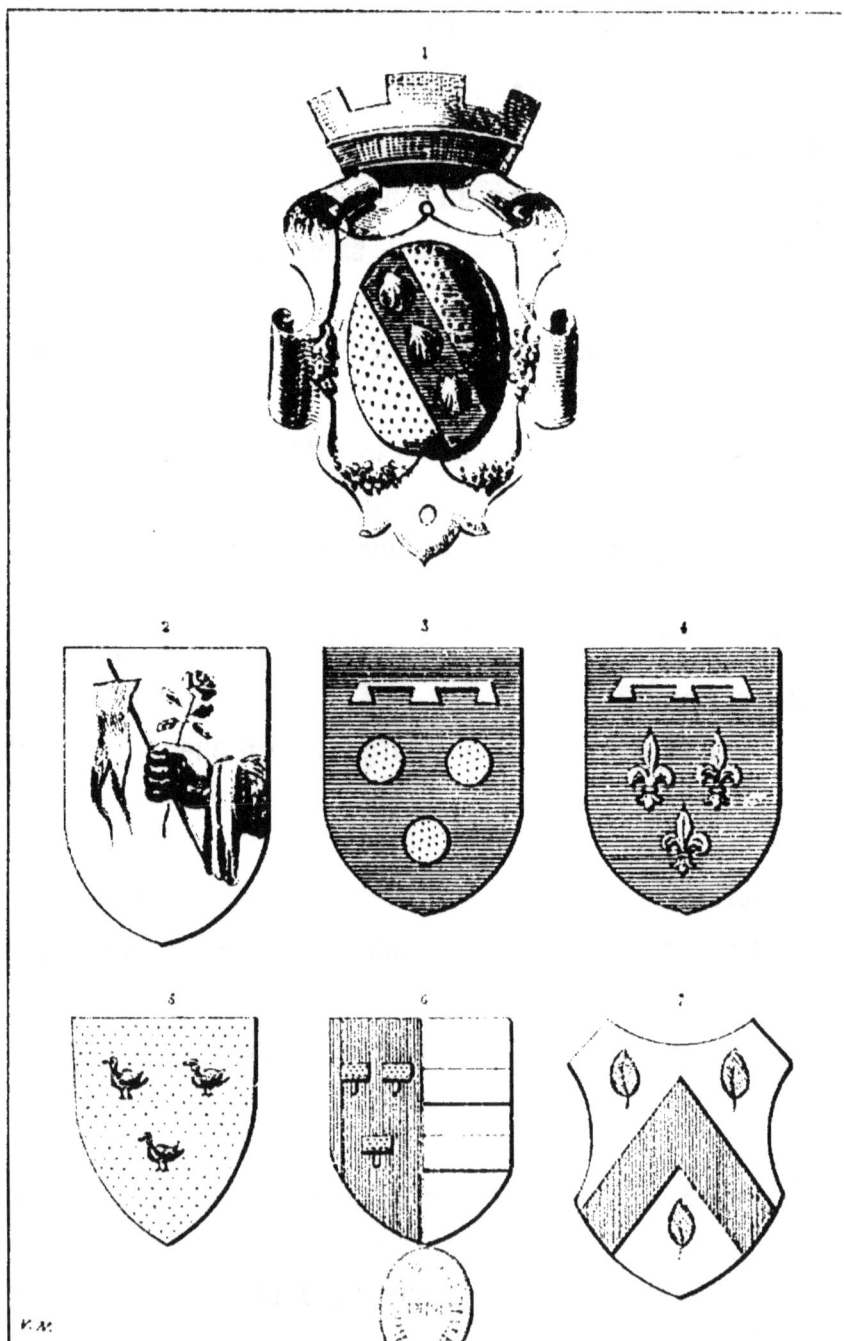

1. Armoiries de la Ville de Conches — 2. Armoiries de la Famille
des Tosny, adoptées par l'Abbaye moins le Gonfanon — 3. Armoiries
de la Famille des Courtenay — 4. Armoiries de la Famille des D'artois.
5. Armoiries de la Famille Baudot — 6. Armoiries de la Famille
Martel — 7. Armoiries de la Famille Ducoudray.

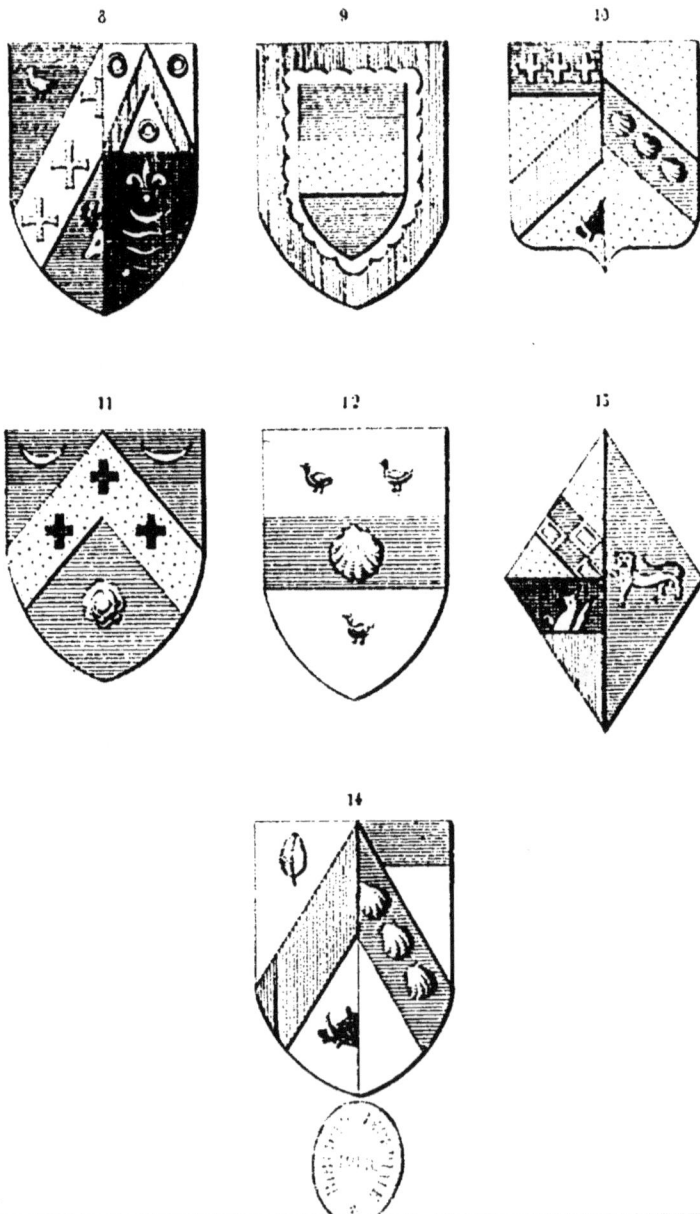

8. Armoiries de la Famille Rassent _ 9. Armoiries de la Famille Letellier Sire des Ebrieux _ 10. Armoiries du Donateur du Vitrail de Notre-Dame de Bonsecours ou de Miséricorde de l'Eglise St. Foy 11. Armoiries du Vitrail du Chœur à gauche du grand Autel _ 12. Armoiries du Vitrail du Chœur à gauche _ 13. Armoiries du Vitrail dit de St. Romain _ 14. Armoiries du Vitrail du Chœur à droite du grand Autel.

CHAPITRE XXI

Liste des fiefs de la vicomté de Conches au dix-huitième siècle (1778).

1. La sergenterie de Conches, huitième de fief. Les paroisses de Sainte-Foy et de Saint-Étienne ne possédant pas de fiefs.

2. La sergenterie de Guygnon divisée en trois branches : la première dite au Vavasseur pour un huitième de fief de haubert ; la deuxième dite des Hautes-Terres pour un quart de fief de haubert ; et la troisième dite d'Émanville pour un huitième de fief de haubert.

3. Le fief du manoir du Bois, quart de fief de haubert, paroisse de Louversey.

4. Le fief du Breuil-Poignard, plein fief de haubert, paroisse de Burey.

5. Le fief du Mesnil-Vicomte, demi-fief de haubert, paroisse du Mesnil-Vicomte.

6. Le fief de Fourneaux, huitième de fief de haubert, paroisse de Faverolle-la-Campagne.

7. Le fief de Portes, plein fief de haubert.

8. Le fief de Berville, quart de fief de haubert.

9. Le fief d'Émanville, quart de fief de haubert.

10. Le fief de Saint-Calais, quart de fief de haubert, paroisse de Louversey.

11. Le fief de Couillerville, plein fief de haubert, paroisse d'Émanville.

12. Le fief du Gontier, huitième de fief de haubert, paroisse de Villalet.

13. Le fief d'Amfreville, plein fief de haubert, paroisse d'Amfreville-la-Campagne.

14. Le fief de Conches dit Douville, quart de fief de haubert, paroisse du Thuit-Signol.

15. Le fief de Conches dit Cardin, quart de fief de haubert, paroisse de Saint-Pierre-des-Cercueils.

16. Le fief de Saint-Léger, huitième de haubert, paroisse de Saint-Pierre-des-Cercueils.

17. La sergenterie du Graveren, demi-fief de haubert.

18. Le fief du Fresne, quart de fief de haubert, paroisse du Fresne.

19. Le fief du Mesnil-Hardrey, demi-fief de haubert.

20. Le fief de Nogent-le-Sec, quart de fief de haubert.

21. Le fief du Boshlon, quart de fief de haubert, aujourd'hui paroisse d'Orvaux.

22. Le fief de Maubuisson, quart de fief de haubert, paroisse de Nuisement.

23. Le fief de la Brosse, quart de fief de haubert, paroisse du Fresne.

24. Le fief des Minières, quart de fief de haubert, paroisse de Beaubray.

25. Le fief du Colombier, huitième de fief de haubert, paroisse de Beaubray.

26. Le fief de Fourneaux, quart de fief de haubert, paroisse de Beaubray.

27. Le fief de l'Épinette, huitième de fief de haubert, paroisse du Fidelaire.

28. Le fief de la Bagottière, huitième de fief de haubert, paroisse de Sébécourt.

29. La sergenterie noble de Houssemaigne, demi-fief de haubert, paroisse de Séez-Mesnil.

30. Le fief de Pommereuil, quart de fief de haubert, paroisse de Sainte-Marthe.

31. La sergenterie noble de la Ferrière, quart de fief de haubert.

32. Le fief du Moulin-Chapelle, plein fief de haubert, paroisse de la Houssaie.

33. Le fief de Champignolles, quart de fief de haubert.

34. Le fief de Romilly, plein fief de haubert.

35. Le fief de Quincarnon, plein fief de haubert, aujourd'hui paroisse de Collandres.

36. Le fief de Sotteville, quart de fief de haubert.

37. Le fief des Fossés, demi-fief de haubert, paroisse de la Puthenaye.

38. Le fief des Champs, quart de fief de haubert.

39. Le fief de Bougy, plein fief de haubert, aujourd'hui paroisse de la Houssaie.

40. Le fief de Villers-en-Ouche, plein fief de haubert.

41. La sergenterie noble de Villers, huitième de fief, démembrée de celle de la Ferrière.

42. Le fief de Gapres, plein fief de haubert et haute justice.

43. Le fief de Hottot-en-Auge, plein fief de haubert et haute justice, auquel sont réunis ceux de Silly et du Verger.

44. Le fief de Chamflour, huitième de fief de haubert.

45. Le fief du Bois-Chevreuil, demi-fief de haubert, paroisse de Nogent-le-Sec.

46. Le fief des Londes huitième de fief de haubert, paroisse d'Émanville.

APPENDICE

NOTE A

Donné par coppie soubz le petit scel des obligacions de la viconté de Conches et le signe de moy Jehan Velu prestre tabellion du Roy nostre sire en la dicte viconté le jeudi derrain jour de juing lan de grace mil cccc xxix ce qui en suit.

Lestat et desclaracion de la revenue compcions et modéracions des guetz de la chastelerie de Conches, Brethueil et Beaumont le Rogier venans au chastel du dict lieu de Conches ainsi que en lannée precedent la Saint-Michiel derraine passée a este receu par Jehan Lechat et Jehan Langloiz commis à la recepte d'iceulz guetz par noble homme Richard Waller escuier cappitaine du dict lieu de Conches baillés à Guillaume Campion viconte du dict lieu de Conches par le dict cappitaine le xxvii⁰ jour de décembre lan mil iiii⁰ xxviii par vertu et en acomplissant le mandement de nos sieurs Hamon Bellenax escuier tresorier et general gouverneur des finances du Roy nostre sire en France et en Normandie, et Pierres Surreau Receveur général des dictes finances en Normandie commissaire du Roy nostre dict sire et de monsieur le Régent le royaume de France duc de Bedford en celle partie au vidimus duquel mandement ce présent roulle est annexé adfin que par le dict viconte icelui mandement soit acompli jouxte et a la fin du contenu en icelui :

Premièrement la chastelerie de Conches
La sergenterie Guignon

Les habitans du Mesnil au Viconte pour III feux	LX s.
Les habitans de Buré pour VIII feux	VIII l.
Les habitans de Faverolles pour VIII feux	VIII l.
Les habitans Desmanville pour XXI feux	XXI l.
Les habitans du Bois Normant pour II feux	XL s.
Les habitans du Bois Hubert pour IV feux.	IIII l.
Les habitans de Portes en Conches et Beaumont pour VI feux	VI l.
Les habitans de Laputenaye pour IIII feux	IIII l.
Les habitans Damffreville la Campaigne pour XX feux	XX l.
Les habitans du Tuisignol en Conches et Beaumont pour VI feux	VI l.
Les habitans de la Gouberge pour II feux	XL s.
Les habitans de Gauville pour II feux	XL s.
Les habitans de Berville pour XII feux	XII l.
Les habitans Diville en Conches et Beaumont pour VIII feux	VIII l.
Les habitans de Vitotel pour I feu	XX s.

Les habitans de Saint Ellier
Les habitans Dorvaux } Néant pour ce que toutx les nuys ils font guet et garde au dict lieu de Conches.

Somme CVII l. tournois.

La sergenterie de Graveren

Les habitans du Vieulx Conches pour II feux	XL s.
Les habitans de Nuesement pour IIII feux	IIII l.
Les habitans de Nogent le Sec pour III feux	LX s.

Les habitans du Bosthuon
Les habitans du Fresne
Les habitans de Nagel
Les habitans de Saint Mesnil } Néant pour ce quils font guet et garde toutx les nuits au chastel du dict lieu de Conches.
Les habitans du Mesnil Hardec
Les habitans de Notre Dame du Val
Les habitans de Saint Estienne jouxte Conches.

Somme IX l. t.

La sergenterie de la Ferrière

Les habitans de Saint George de la Ferrière pour L feux   L l.

Les habitans de Champignolles pour vi feux   vi l.

Les habitans de la Houssaye pour iiii feux   iiii l.

Les habitans de la Vacherie pour v feux   c s.

Les habitans du Plessis Mahiel pour viii feux   viii l.

Les habitans du Tilleul Dame-Agnez pour xv feux   xv l.

Les habitans de Romilly pour iii feux   LX s.

Les habitans de Collandres pour vi feux et demi   vi l. 10 s.

Les habitans de Bougy pour v feux   c s.

Les habitans de Quincarnon pour iii feux   LX s.

Les habitans de Villers en Ouche pour xvii feux   xvii l.

Les habitans de Notre Dame Desprez pour iiii feux   iiii l.

Les habitans de Saint Aubin Deshaies pour vi feux   vi l.

Les habitans du Fief de la Rousse pour iii feux   LX s.

Les habitans de Louvercey néant pour ce qu'ilz font chacune nuyt.

Les habitans de Gregneuseville guet et garde à Conches.

Les habitans de Chamflour néant pour ce quil ne demeure personne.

Somme vi^{xx} xv l. x s. tourn.

La sergenterie des Cinq Parroisses

Les habitans de Faydelaire

Les habitans de Saincte Marguerite

Les habitans de Sébécourt

Les habitans de Baubéré

Les habitans de Saincte Marthe

Les habitans du Boscroger et Sainct Mesnil

Néant pour ce quilz sont frans du dict guet de tout temps.

Item es parroisses dessus dictes et autres cent quatorze feux qui n'ont rien paié du dict guet pour ce quilz se sont portés frans les ungs soubz les Religieux de Lire, de Conches, les dames de Chesedieu, les Religieux du Becheluim, les hospitaliers de Sainct Estienne de Renneville, plusieurs curez en lieu domosne et plusieurs fermiers et prevosts de nobles tenans et pour ce néant.

NOTE B

Cest le roule de lassiette de la somme de quinze cents livres des ville et viconté de Conches et de Brethueil pour leur...... en l'assemblée faicte à Mante au mois de novembre mil quatre cent trente.... assiette par nous les esleuz pour le Roy nostre dict sieur avecques nous Guillaume de Cintray vicomte du dict Brethueil et les sergens dicelle viconté le neufviesme...... avons baillee a Henry Standysch escuier capitaine du dict lieu par vertu desquelz nous avons faict icelle assiette...... sensuit :

La sergenterie de Conches

La parroisse de Saincte Foy de Conches	xxxviii l.
La parroisse de Sainct Estienne	cx s.
La parroisse de Nostre Dame du Val	x l.

La sergenterie des Cinq Parroisses

La parroisse du Faydelaire	xxxvi l.
La parroisse de Sébécourt	xx l.
La parroisse de Saincte Marguerite	xxv l.
La parroisse de Saincte Marthe	xxi l.
La parroisse de Baubéré	xvi l. x s.

La sergenterie Guignon

La parroisse du Mesnil au Viconte	vi l.

La parroisse de Buré   xii l.

La parroisse Desmanville.   xxviii l.

La parroisse de Portes   x l.

La parroisse de Berville   xxvii l.

La parroisse du Bois Normant   x l. xv s.

La parroisse du Bois Hubert   xi l. xv s.

La parroisse de la Puthenaye   xiii l.

La parroisse de Sainct Elier   viii l. xii s.

La parroisse Damffreville   l l.

La parroisse du Tussignol   vi l. x s.

La parroisse de Vitotel   vi l. x s.

La parroisse de Gauville   lxx s.

La parroisse de la Gouberge   lxxv s.

La parroisse de Faverolles   xii l.

La parroisse de Dorvaulx   lxv s.

La parroisse Diville   vi l. x s.

La sergenterie au Graveran

La parroisse de Nogent le Sec   xiii l.

La parroisse du Fresne   xvi l.

La parroisse du Mesnil Hardré   vi l.

La parroisse du Bos Huon   vi l. 10 s.

La parroisse de Viels Conches   xxx s.

La parroisse de Nageel   vii l.

La parroisse de Sainct Mesnil   xi l.

La parroisse du Nuysement   xi l. x s.

La sergenterie de la Ferrière

La parroisse de la Ferrière.   xxii l.

La parroisse de Mancelles   l s.

La parroisse de la Houssaye   viii l.

La parroisse de la Vacherie   viii l.

La parroisse du Plesseys Mahiel   xxv l.

La parroisse du Tilleul dame Agnes	x l.
La parroisse de Greignieuseville	XL s.
La parroisse de Romilly	xii l.
La parroisse de la Ronce	LXX s,
La parroisse de Colandes	vi l.
La parroisse de Bougi	viii l.
La parroisse des Quincarnon	XXX s.
La parroisse de Louvercé	XXX l.
La parroisse de Sainct Aubin des Hayes	viii l. x s.
La parroisse de Villers en Ouche	XXIII l.
La parroisse de Notre Dame des Prez	viii l.
La parroisse de Champignolles	Neant.

La sergenterie de Brethueil

La parroisse de Brethueil	XXVI l.
La parroisse de Grantvillier	IIII l. x s.
Sainct Denis du Bue Hellent	XIII l.
La parroisse des Minieres	XI l.
La parroisse de Dame Marie	XIII l.
La parroisse de Corneul	IIII l. x s.
La parroisse de Bemecourt	c s.
La parroisse de Moeville	IIII l.
La parroisse de Bouessy	vi l. x s.
La parroisse de Courton	LV s.
La parroisse de Sainct Nicolas Dathez	xv l.
La parroisse de Sainct Germain sur Avre	vi l. x s.
La parroisse de Savigny	LVI s.
La parroisse de Morainville	Neant
La parroisse de Marcilly la Champaigne	LV s.
La parroisse de la Gueroulde	vi l.
La parroisse d'Alaincourt	IIII l.

NOTE C

Henry, par la grâce de Dieu, Roy de France et d'Angleterre, à noz amez et féaulx conseilliers les trésoriers et généraulx gouverneurs de noz finances en France et Normandie salut et dilection : comme pour ladviz et délibéracion de notre tres chierre et saint cousin Richart duc de Yorlz notre lieutenant général et gouverneur de par nous de notre royaume de France et duchié de Normandie endenteure ait au jourduy esté faicte entre nous d'une part et notre amé et féal cousin le sire Desfaucomberge d'autre part par laquelle entendeure le dit sire Desfaucomberge ait esté et soit ordonné establi et retenu garde capitaine de par nous des ville chastel et place de Conches et lui en ayons baillié la charge pour le temps et terme de trois ans continuelz et entre suivans commencans le jour de Saint Michiel derrain passé et à finir au jour de Saint Michiel qui sera et escherra l'an mil cccc quarante cinq que durera le temps et que notre dit cousin le duc de Yorlz a apoincté avecques nous pour le gouvernement de nos dits royaume de France et duchié de Normandie pour la garde, seurté, deffense, et entretenue desquelles ville chastel et place de Conches en notre obéissance et aussi pour nous servir sur les champs toutes et quantes foiz et à tel nombre de gens de ceste présente charge et retenue que ordonné et mandé lui sera par nous ou par notre dit cousin le duc Yorlz et le sire Desfaucomberge pairra et tendra continuelment le nombre et quantité de vingt lances à cheval sa personne en ce non comprinse vingt lances à pié et vi^{xx} archiers pour lesquelles lances et archiers le dit sire Desfaucomberge aura et prendra gaiges en ceste manière : c'est assavoir, par apoinctement fait en gros avecques lui la somme de huit mil livres tournois par chacun an qui est pour quartier d'an deux mil livres tournois dont payement lui sera fait en ceste manière, c'est assavoir de noz finances et deniers de Normandie par notre commandement et ordonnance la somme de cinq mille livres tournois par chacun an qui est par quartier d'an douze cens cinquante livres tournois et du résidu montant trois mille livres tournois par an sera paié de nos deniers et finances d'Angleterre qui seront par nous bailliez et ordonnez par le dit cousin le duc de York pour aidier à payer les capitaines et soldoyers de pardeça, c'est assavoir : par chacun quartier d'an sept cens cinquante livres tournois et se fera le payement dicelle lances et archiers de quartier en quartier d'an à commencer du jour de leurs premières monstres qui se feront au dit lieu de Conches pardevant les commizaires, tout celon les dictes monstres ou reveues et controle servant à ce ; et est acordé que tous les deniers à nous venans et appartenans en la dite ville et viconté de Conches seront convertiz et employez au payement du dit sire Desfaucomberge pour les gens de sa présente charge et retenue sur et en déduction de leurs dits gaiges par notre dicte ordonnance sanz ce que par vous ils soient employez ne distribuez autre part et avecques ce aura ledit sire Desfaucomberge tous tous les gaeings de guerre proufiz et émolumens de ses scel et signet que il et les gens de sa charge et retenue pourront faire sur noz ennemis et adversaires, et d'iceulx gaeings de guerre proufiz et émolumens de ses scel et signet, il ne nous sera tenu rendre aucun compte. Et eue considéracion à ce que ledit lieu de Conches est petitement et malaiséement garni de vivres avons ordonné, traictié, et accordé que le dit sire Desfaucomberge pour mieulx entretenir il et ses dicts gens aura au commencement d'un chacun quartier d'an par provision en vivres ou en argent par notre dicte ordonnance sur les vicontés du dit lieu de

Conches, Harecourt et Beaumont le Rogier ce que peuvent monter les
gaiges des gens de sa dicte présente charge et retenue pour ung moys
qui lui seront rabatuz en faisant son compte en la fin de chacun quartier d'an et en oultre est acordé que pendant et durant le temps que
les gens de ceste dicte charge et retenue serviront sur les champs ilz
auront tel et semblable payement et pris de deniers que les gens des
autres garnisons de Normandie auront en servant sur les dicts champs
et de ce que les gens du dit sire Desfaucomberge auront receu sur les
dicts champs ne sera fait rabaiz à icelui sire Desfaucomberge sur leur
compte en la fin de chacun quartier d'an fors seulement au pris de dix
livres tournois par moys pour lance à cheval et pour archier alequipo-
lent ainsi que tout ce et autres choses sont bien aplain contenues et
déclairées ès lettres de la dicte endenteure sur ce faites. Nous vous
mandons et expressément enjoingnons que par notre bien amé Pierre
Baille receveur général de noz dictes finances et des deniers d'icelles
vous faites faire compte et payement audit sire Desfaucomberge pour
le dit nombre de vingt lances à cheval vingt à pié et six vings archiers
tout ainsi et en la forme et manière que dit est et que contenu est ès
lettres de la dicte endenture et par raportant ces présentes les dictes
lettres d'endenture ou vidimus dicelles fait soubz scel royal avecques
les dictes monstres ou reveues deuement faictes et certifiées et contrôle
servant à ce ensemble quictance souffise du dit sire Desfaucomberge.
Dont ce que ainsi et à la dicte cause payé baillié et délivré lui aura
esté, sera alloué ès comptes du dit Receveur général et rabatu de sa
recepte par noz amez et féaulx les gens de noz comptes à Rouen aus-
quelz nous mandons que ainsi se facent sanz defaulte ou contredit aucun. Donné à Rouen le cinquiesme jour d'octobre l'an de grâce mil cccc
quarante deux et de notre règne le vingtiesme.

Par le Roy à la relation de monseigneur le Duc
de Yorlz lieutenant général et gouverneur de
France et Normandie. (Signé) Drosay.

TABLE DES MATIÈRES

Saint-Pierre. — Ravage de la Croix-Saint-Leufroy. — Sa captivité.
— Guerre avec le comte de Meulan. — Prise de Breteuil et mort de
Roger. — Raoul IV. — Roger IV. — Alliance avec le roi d'Angle-
terre. — Prise de Conches par Philippe-Auguste. — Traité du Gou-
let. — Le roi de France s'empare de Conches une seconde fois. —
Capitulation de Rouen. — Confiscation du domaine de Conches. —
Départ de Roger pour l'Angleterre. — (P. 19.)

CHAPITRE IV. — De 1204 à 1250. — Robert II de Courtenay. —
Visite de Philippe-Auguste. — Guerre des Albigeois. — Robert
passe en Angleterre où il est fait prisonnier. — Rendu à la liberté, il
devient grand bouteiller de France. — Guerre du Poitou. — Voyage
en Terre-Sainte. — Sa mort en Afrique. — Pierre de Courtenay. —
Départ pour la Terre-Sainte. — Bataille de Mansourah et sa mort.
— (P. 27.)

CHAPITRE V. — De 1250 à 1343. — Mariage de Robert II, comte
d'Artois, avec Amicie de Courtenay. — Restauration de l'église
Sainte-Foy. — Construction des murs du grand parc. — Départ pour
la Croisade. — Siége de Tunis. — Guerre contre les Navarrois. —
Prise de Pampelune. — Guerre avec l'Angleterre. — Bataille de
Furnes. — Défaite de Courtrai. — Mort de Robert II. — Philippe
d'Artois. — Querelle avec Mahaud. — Mort de Philippe. — Robert III.
— Prise de possession du comté d'Artois. — Nouveau procès avec
Mahaud. — Production de faux titres. — Condamnation de ce prince
par arrêts du Parlement. — Guerre contre le roi de France. — Al-
liance avec l'Angleterre. — Confiscation des terres de Conches et de
Beaumont. — Siége de Conches. — Destruction de l'abbaye. — Succès
de Robert en Bretagne. — Sa mort en Angleterre. — Captivité de
Jeanne de Valois et de ses deux enfants. — Réunion du domaine de
Conches au duché de Normandie. — (P. 31.)

CHAPITRE VI. — De 1343 à 1380. — Jean de France, quinzième duc
de Normandie. — Donation du comté de Conches à Charles le Mauvais. — Guerre avec ce prince. — Prise de Conches par le roi de

Deuxième Partie

—

il manque les réformes

www.ingramcontent.com/pod-product-compliance
Lightning Source LLC
Chambersburg PA
CBHW072112090426
42739CB00012B/2945